Mit des Geistes heit'ren Waffen ...

D1729987

Schriftenreihe MAXIMILIANA
Band VII

Festschrift zum
85. Geburtstag Otto von Habsburgs
150 Semester KÖL Maximiliana
100 Semester KÖL Leopoldina

Mit des Geistes heit'ren Waffen...

Österreich im Wandel der Zeit

Herausgegeben von Artur Schuschnigg

Mit Beiträgen von

Theophil Antonicek
Brigitte Borchert-Birbaumer
Robert von Dassanowsky
Christoph Donin
Viktor Fortunat
Norbert Fürstenhofer
Otto von Habsburg
Bernhard Knipel
Georg Kugler
Norbert Leser
Floridus Röhrig
Heinrich Schuschnigg
Arno Weigand
Ernst Florian Winter

Amalthea

Die VI. Österreichische Akademie,
aus der diese Beiträge hervorgingen, stand unter dem Motto
»Auf der Suche nach der österreichischen Identität«
und fand vom 25. bis 27. Oktober 1996
im Stift Klosterneuburg statt.
Veranstaltet wurde die Tagung vom Akademischen Bund
katholisch-österreichischer Landsmannschaften
unter dem Vorsitz e.v. K.Ö.L. Carolina.

CIP-Kurztitelaufnahme der Deutschen Bibliothek

MAXIMILIANA: Mit des Geistes heit'ren Waffen ...
Österreich im Wandel der Zeit / Artur Schuschnigg (Hg.).
Mit Illustrationen von Christoph Donin
Amalthea, Wien, München 1997
(Schriftenreihe Maximiliana VII)
ISBN 3-85002-411-3

Zitiervorschlag: Schuschnigg (Hg.),
Mit des Geistes heit'ren Waffen ...
Österreich im Wandel der Zeit (1997) [Seite]

© 1997 by Amalthea Verlag
in der F. A. Herbig Verlagsbuchhandlung GmbH,
Wien · München
Alle Rechte vorbehalten
Umschlaggestaltung: Jürgen Sander
Umschlagillustration: Christoph Donin
Herstellung und Satz: VerlagsService Dr. Helmut Neuberger
& Karl Schaumann GmbH, Heimstetten
Gesetzt aus der 10,7/13,7 Punkt Sabon
auf Apple Macintosh in QuarkXPress
Druck und Bindung: Jos. C. Huber, Dießen
Printed in Germany
ISBN 3-85002-411-3

Inhaltsverzeichnis

Vorwort von Heinrich Schuschnigg

Mit des Geistes heit'ren Waffen siege Kunst und Wissenschaft.« Dieses Motto aus der zweiten Strophe der ehrwürdigen Volkshymne finden wir angemessen für eine akademische Verbindung und soll einer Festschrift zum 75. Stiftungsfest der K.Ö.L. Maximiliana und zum 50. Stiftungsfest der K.Ö.L. Leopoldina vorangestellt werden. Bei Festschriften ist es zwar üblich und erlaubt, Bilanz über Erfolge zu ziehen, trotzdem wollen wir uns diesmal der Nabelbeschau entziehen und den Staat in den Mittelpunkt stellen.

Dieser ist auch der eigentliche Grund, weswegen die Hochschulverbindung Maximiliana 1922 durch Realschüler aus Ottakring gegründet wurde. Weite Teile der österreichischen Studentenschaft – die vorher österreich- und kaisertreu waren – beschworen mit einem Male 1918 die großdeutsche Lösung. Daher galt es, ein österreichisches Nationalgefühl in der Studentenschaft zu erhalten bzw. auszubauen, was von Anfang an eines der Hauptziele der Maximiliana war, ebenso wie der kurz nachher gegründeten Studentenverbindung Habsburg-Lothringen.

1947 – zwei Jahre nach einem abermaligen Untergang Österreichs – wurden weitere Katholisch-Österreichische Landsmannschaften gegründet, – unter ihnen die K.Ö.L. Leopoldina –, um wiederum innerhalb der Studentenverbindungen zu demonstrieren, daß Österreich als Nation seinen Anfang weder 1945 noch 1918 genommen hat, sondern viel früher: anders als die übrigen Nationen Europas, komplizierter als anderswo, aber um so facettenreicher, spannender und für uns, dieser Chauvinismus sei uns gestattet, auch liebenswerter.

Diese Festschrift soll auch eine Gratulation zum 85. Geburtstag Otto von Habsburgs sein, ein liber amicorum der Katholisch-Österreichischen Landsmannschaften an ihren Obersten Bandinhaber. Unsere gemeinsame Liebe, die des Hauses Österreich und die der Katholisch-Österreichischen Landsmannschaft, und unser gemeinsames Interesse gilt unserem Österreich und, noch etwas abstrakter, der Österreichischen Idee, die wir uns ständig weiter zu definieren anschicken und die wir immer wieder auch aus der Vergangenheit schöpfend als geistige Avantgarde einem vereinten Europa als mögliches Modell anbieten.

Heinrich Schuschnigg
Philistersenior der K.Ö.L. Maximiliana

Robert von Dassanowsky

Würdigung zum 85. Geburtstag Otto von Habsburgs

In Los Angeles, fern von Wien und München, wurde ich vor mehr als fünfzehn Jahren als in den USA geborener Student Mitglied der Paneuropa Jugend und der Paneuropa Aktion Österreich, wie sie damals noch hieß. Als Amerikaner österreichischer Herkunft schien es mir natürlich und angebracht, für ein freies, christliches und vereintes Europa zu arbeiten. Ich hielt es für meine Aufgabe, als Studentenaktivist österreichische, deutsche und andere europäisch-amerikanische Gruppen in den USA mit unseren Zielen vertraut zu machen, denn die kulturelle und geistige Verbindung mit Europa bestand auch für mich noch, der ich – wie viele Amerikaner der ersten Generation – mit Identitätsproblemen zu kämpfen hatte. Jedoch besaß ich, im Unterschied zu vielen, einen ausgeprägten Sinn für das kulturelle Erbe meiner Familie und die daraus entstehenden Verpflichtungen. Ich habe meinen Willen zu diesem Engagement auch dem Einfluß meiner Mutter zu verdanken, die ihrerseits durch ihre Firmpatin, Erzherzogin Adelheid, zu Pioniertaten inspiriert wurde. Die Worte Erzherzog Ottos haben mich ständig begleitet und motiviert: »Wenn man an etwas glaubt, muß man dafür handeln, ganz gleich, welche Rolle man dabei spielt. Man widmet sich ja nicht der Politik, um eine gewisse Stelle zu besetzen, sondern um bestimmte Ideen durchzusetzen.«

In vieler Hinsicht hat auch Seine Kaiserliche Hoheit österreichisch-amerikanische Erfahrungen gesammelt, und seine Leistungen während dieses turbulenten Zeitabschnittes werden von Geschichtswissenschaftlern in den USA sehr gepriesen. Zeitgenössische Studien Österreichs befassen sich oft mit der Rolle, die das Kaiserhaus und Erzherzog Otto mehrfach gespielt haben, als es dreimal um die Rettung Österreichs und Mitteleuropas ging. Es steht außer Zweifel, daß die Ziele, die Erzherzog Otto im Namen Österreichs und Mitteleuropas während seines Exils in den USA verfolgte, den Weg in eine bessere Nachkriegswelt ebneten; so zum Beispiel der Plan zum Wiederaufbau eines freien und unabhängigen Österreichs und die internationale Durchsetzung der Einsicht, daß das Land der aggressiven Invasion zum Opfer gefallen war; der Entwurf eines freien österreichischen Bataillons und die weitgehende Verhinderung von Bombenangriffen auf Österreich; die amerikanische Besetzung des befreiten Landes; die Auflösung der ungarischen Allianz Hitlers und die Unterbindung der sowjetischen Besatzung Ungarns; schließlich die Verhinderung der Vertreibung von Sudetendeutschen und anderen ethnischen Minderheiten aus ihrer Heimat. Zusammen mit seinen Brüdern vertrat Erzherzog Otto österreichische Interessen während des Zweiten Weltkrieges. Sogar ohne die Hilfe eines österreichischen Bataillons führte auch Erzherzog Rudolf seine Arbeit fort. Als Soldat der U.S. Armee drang er 1944 in die feindlichen Linien vor. Es gelang ihm, nach seiner Gefangennahme zu entkommen, und trotz einer Verwundung kämpfte er auch innerhalb des Reiches aktiv gegen das Naziregime. Erzherzog Robert verfaßte zusammen mit Winston Churchill die Moskauer Deklaration, jenes Dokument, das für Österreich den Weg in die Freiheit bedeutete. Erzherzog Felix reiste von Europa in die USA und nach Südamerika, um den Grundstein für eine österreichische Regierung und seine Repräsentanten im Exil zu legen. Erzherzog Karl Ludwig stellte als Vertreter der Alliierten Kontakte von Lissabon bis Washington D. C. her und arbeitete unentwegt an einer besseren Zukunft für Ungarn und Mitteleuropa. Unterstützt von Ihrer Majestät und den Erzherzoginnen, beschwor Erzherzog Otto unermüdlich Präsident Roosevelt, den Opfern der Nazis seinen Schutz zu gewähren und dem Blutbad ein Ende zu setzen. Es gelang, eine solide Basis für den Wiederaufbau Österreichs zu schaffen, in dem sie das Verlangen nach einer österreichischen Nation intensivierten, um dem Land endlich zu der Existenz zu verhelfen, die schon von den Kanzlern Dollfuß und Schuschnigg geplant war. Die Leistungen Erzherzog Ottos schlossen aber auch seine Bemühungen zur Rückgabe Südtirols mit ein sowie die Normalisierung der Verhältnisse innerhalb Mitteleuropas. Er führte, wie es General de Gaulle für Frankreich unter dem Banner des Lothringerkreuzes getan hatte, einen Kreuzzug für die Wiedergeburt Österreichs. So wie die atheistische Herrschaft in der Sowjetunion schließlich dem Verfall preisgegeben war, so fällt nun auch endlich die Maske, die diese großen Beiträge Otto von Österreichs zur Geschichte bisher aus kleinlicher Gewinnsucht verborgen hat.

Der Name ist nicht nur mit der kaiserlichen und königlichen Dynastie verbunden, und somit für Historiker wichtig, er steht auch stellvertretend für politisches Engagement im Rahmen Mitteleuropas. Das Zentrum für österreichische Studien der Universität von Minnesota, der amerikanische Bund für ungarische Geschichte und die Gesellschaft für österreichische und habsburgische Geschichte gehören zu den wichtigsten Organisationen, die sich in der Habsburg-Webseite zusammengeschlossen haben. Die Habsburg-Webseite wird von Geschichtswissenschaftlern von vier Universitäten geleitet und befaßt sich sowohl mit der Habsburgermonarchie als auch mit der Geschichte ihrer Besitzungen und deren Völker, vom Jahre 1500 bis zur Gegenwart. Aber auch Steven Spielberg, Amerikas beliebtester und erfolgreichster Regisseur, versetzte den jungen Indiana Jones (bekannt aus der Filmtrilogie) ins Wien des Ersten Weltkrieges mitten in den heldenhaften Versuch Kaiser Karls, Österreich-Ungarn aus dem Krieg zu retten. Eine Szene der Fernsehserie, die zwischen der Kaiserin Zita und ihren Kindern spielt, blieb mir deutlich im Gedächtnis haften. Ihre Majestät gibt Erzherzog Otto und Erzherzogin Adelheid den Rat, nicht um ein Spielzeug zu streiten und es durch diesen Zustand der Uneinigkeit zu zerstören. Es wird deutlich, daß die Botschaft der Donaumonarchie heute in Post-Sowjet-Europa und in Amerika noch ebenso einflußreich ist, wie sie es in Mitteleuropa immer war.

Erzherzog Otto hat vielen Menschen Hoffnung auf eine gute Zukunft gegeben. Durch den Grundgedanken eines wiedererstandenen Österreichs bis hin zur Verfechtung des Konzeptes der »Donaurekonstruktion«, die er schon im Jänner 1942 dem Kongreß der USA vorlegte, setzte er sich für das Land ein. Von der Weiterführung und internationalen Expansion der Ideale Graf Richard Coudenhove-Kalergis als Präsident der Paneuropa Union bis zum Einsatz als einflußreicher und unermüdlicher Vertreter der CSU im Europaparlament; von der brillant ausgearbeiteten Förderung an die Sowjetunion, die die Entkolonialisierung der Baltikstaaten anhand der United Nations Charter verlangte, bis zum jahrzehntelangen Dialog mit jenen Menschen, die hinter dem Eisernen Vorhang eingeschlossen waren, der Erfolg Erzherzog Ottos wird offenkundig angesichts des Zerfalls des totalitären Sowjetsystems, der sich wiederum auf den apostolischen Einfluß des Papstes und der paneuropäischen Leitfigur Otto von Habsburgs zurückführen läßt. Otto von Habsburg wird auch im nächsten Jahrhundert Licht in das Dunkel politischen Geschehens werfen, so wie er einst seinen felsenfesten Glauben an den Frieden durch das vom Krieg zerrissene Europa trug. Er hat schließlich auch eine neue Generation der kaiserlichen und königlichen Familie erzogen, die nun wiederum Österreich und Ungarn vertritt, und sie auf der Weltbühne eingeführt.

Am heutigen Tag, an dem wir in die Vergangenheit, aber auch in die Zukunft blicken, müssen wir ganz klar erkennen, daß Österreich wohl hauptsächlich aufgrund des unermüdlichen Einsatzes dieses großen Mannes existiert. Wir sind seinetwegen unserer Aufgabe sicher und glauben nicht nur an eine Zukunft Mitteleuropas, sondern Europas schlechthin, denn beide befinden sich nun endgültig auf dem Weg zu ihrer wahren Identität und ihrem wahren Ziel. Mit größter Hochachtung und aufrichtiger Bewunderung im Namen nicht nur meiner Generation, sondern all jener, die sowohl das Vorbild als auch die Worte und Leistungen Otto von Österreichs zu schätzen wissen, wünsche ich Gottes Schutz und Segen für unseren Hohen Herrn nicht nur an diesem 85. Geburtstag, sondern auch für seine Zukunft und sein ferneres Wirken.

75 Jahre K.Ö.L. Maximiliana

Der 26. Oktober, der Staatsfeiertag der zweiten österreichischen Republik, scheint für die Landsmannschaften – insbesondere für ihre älteste Verbindung Maximiliana – eine gewisse Anziehungskraft zu besitzen. So feiert diese Verbindung mit legitimistischen Wurzeln an diesem Tag 1997 ihr 75jähriges Bestehen und würdigt ihren »Obersten Bandinhaber« anläßlich seines 85. Geburtstages.

Genau ein Jahr zuvor sind wir mit den anderen Corporationen des Akademischen Bundes Katholisch-Österreichischer Landsmannschaften in Klosterneuburg zusammengekommen, um uns auf die Suche nach der österreichischen Identität zu begeben. Begleitet von namhaften Wissenschaftlern haben wir die Geschichte unseres Landes von seinen Anfängen bis in die Gegenwart diskutiert. Mit diesem Buch liegen die Vorträge jener VI. Österreichischen Akademie in Schriftform vor und stellen damit einen bleibenden Beitrag der Katholisch-Österreichischen Landsmannschaften zum Millenniumsjahr 1996 dar.

Aufbauend auf diesem Werk wollen wir auch in den nächsten 75 Jahren an der Identität Österreichs und am Wachstum der natio austriaca – ohne nationalistische oder chauvinistische Zwischentöne, sondern als Patrioten – mithelfen.

Bernhard Knipel
Senior der K.Ö.L. Maximiliana

14

50 Jahre K.Ö.L. Leopoldina

Viele der (zumeist) ungelesenen Geleitworte von Seniores jubilierender studentischer Corporationen beinhalten eine mehr oder weniger präzise Darstellung der Verbindungsgeschichte, wobei in diesen oft Zeiten der Krise und der Sistierung ausgeklammert bleiben. Nur die Minderzahl solcher Beiträge in Festschriften geben das Selbstverständnis der Corporationen wieder, über das sich jeder Leser, der die jubilierende Verbindung nicht genauer kennt, ehrliche Auskunft erwarten darf.

Sicherlich ist es bei manchen Korporationen schwierig, ihre Wesenszüge in wenigen Worten darzustellen; zu unterschiedlich sind oft die Charaktere ihrer Mitglieder, zu häufig existieren Gruppen mit differierenden Auffassungen darüber, was eigentlich den Sinn ihrer Verbindung ausmachen soll. Als Leopolde zum 50. Stiftungsfest hat man es hingegen leicht, unsere Corporation vorzustellen:

Als eine der kleinsten Bundescorporationen versteht sich unsere Leopoldina als ein Bund von Gleichgesinnten, dem die Verwirklichung unserer vier Prinzipien das wichtigste Ziel ist. Mag die Keilung – wie bei allen anderen kleinen Verbindungen – auch für Leopoldina ein dauerhaftes Anliegen für den Verbindungsbetrieb sein, so wird unsere Eigenschaft als Kleingruppe von uns nie als beklagenswerter Zustand angesehen, denn zu tief sind in den letzten Jahren unsere Freundschaften gediehen, die den Fortbestand unseres Bundes sichern. Die familiäre Atmosphäre unserer Veranstaltungen ist auch für die Freunde unserer Leopoldina ein Grund, am Verbindungsleben teilzunehmen. Nicht umsonst sprechen wir oft von der »Leopoldenfamilie« und meinen damit den Kreis jener, die zu uns gehören, ohne unser Band zu tragen.

Nicht nur einige unserer Urmitglieder, sondern gerade jene unter uns, die auch Verbindungen unserer »großen« Schwesterverbände angehören, zeigen eine besondere Treue zu unserer Corporation; das mag damit zusammenhängen, daß Leopoldina das akademische Niveau einer starken ÖCV- und das couleurstudentische einer guten MKV-Verbindung zu kombinieren weiß. Gerade die Veranstaltungen der vergangenen Semester haben dies wiederholt gezeigt.

Gelingt es uns Leopolden, jene Freundschaft und jene Herzlichkeit, die unseren Bund bis jetzt auszeichneten, weiterhin zu bewahren, werden wir noch viele Stiftungsfeste wie dieses feiern können!

Das ist mein Wunsch zum Geburtstag unserer Leopoldina.

Arno Weigand
Senior der K.Ö.L. Leopoldina

I. Die Beiträge
der VI. Österreichischen Akademie

Ernst Florian Winter

Die ersten 1200 Jahre – Vom Königreich Noricum zu den Babenbergern

Vorwort

Die europäische Geschichtserfahrung erlebt im ausgehenden zwanzigsten Jahrhundert einen Einschnitt von epochaler Bedeutung. Mit dem scheinbaren Zusammenbruch beider atheistisch-totalitären Systeme, des Nationalen Sozialismus und des Realen Sozialismus, ist ein in dreihundert Jahren erarbeitetes Weltbild arg ins wanken geraten. Der Zeitgeist der Epoche, die mit der Aufklärung und der Französischen Revolution begonnen hatte, ist gefordert. Er kämpft desperat ums Überleben. Uns scheint nur mehr Geld und der nackte Materialismus in schier unendlichen Ausprägungen zu bleiben.

Wieso dieser Materialismus? Europa ist nur Europa Ost und West geworden, weil das Christentum das vorhergehende Heidentum mit seiner Gnosis bekehrte und die amorphen Völker zu christlichen Nationen formte. Nun ist aber der wichtigste Teil des Zusammenbruches die Entchristlichung eben dieses Europas! Hat das Christentum wahrlich aufgehört, eine ernstzunehmende Kraft im sozialen und nationalem Bewußtsein unserer europäischen Völker zu sein?

Gerade nach dieser europäischen Götterdämmerung mit dem Holocaust des 20. Jahrhunderts benötigt Europa die erlösende Kraft des Christseins. Wären nicht eine Renaissance des Christentums und eine Wiederentdeckung der nationalen Identitäten die

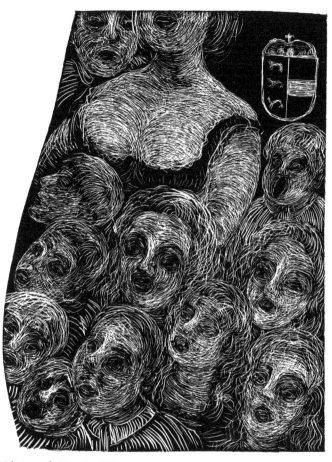

Christoph Donin: Kärnten

wichtigsten Voraussetzungen für ein wiedererstehendes Europa? Europa lebte einst von der Vielfalt seiner Völker und dem Reichtum seiner gelebten christlichen Kulturen. Die Entchristlichung Europas fing an mit den unversöhnlichen Bruderkriegen jener christlichen Nationen! Will man es gar nicht wahr haben, daß Europa schwer verwundet darnieder liegt? Seine Rettung kann nicht im Materialismus gefunden werden.

Das »österreichische Volk«, derzeit im Selbstverständnis als »österreichische Nation«, hat an diesem Aufbau des Europas der Vaterländer mitgewirkt – gebaut und abgebaut. Es hat einem vereinigten Europa im Heiligen Römischen Reich mit viel Blutzoll gedient und Propheten hervorgebracht, die Selbstzerstörung zu bannen. Es hat bei der Weltmissionierung selbstlos mitgetan. Es hat aber auch bei der Entchristlichung nicht genügend entgegengewirkt.

Das österreichische Volk ist, wie jedes europäische Volk, mitschuldig an Europas tiefer Krise. Wer aber ist nun dieses österreichische Volk? Woher kommt es? Wessen Identität trägt es? Wie wurde es geprägt? Welches sind seine Kräfte, die sowohl die Römer, Babenberger und Habsburger beeinflußten?

Einleitung

Wir leben also an einer Zeitenwende. Zeitenwenden sind auch Möglichkeiten für eine Gewissenserforschung. Mehr Menschen, als sonst üblich, fragen sich nach dem Sinn. Daher suchen sie nach persönlichen und gemeinsamen Wurzeln. Das hat sowohl mit der Unsicherheit der Bewältigung oft unfaßbarer Geschichtserfahrungen im 20. Jahrhundert zu tun, als auch mit der Ungewißheit der Zukunft. Hannah Arendt, eine jüdische Emigrantin aus Europa in den USA beim Ausbruch des zweiten europäischen Brüderkrieges, meinte, daß der Mensch zur Bewältigung seiner Geschichte unfähig sei. Dafür kann er aber jene verstehen lernen. Somit könnte er auch seine Zukunft meistern. Als Historikerin stieß sie auf Kritik sowohl ihrer Gilde, als auch bei ihren überlebenden Leidensgenossen. Als Geschichtsphilosophin gewinnt sie heute Anerkennung.

Die Suche nach der österreichischen Identität kann eigentlich als beendet gelten. Diese Identität findet sich im Volk, der heutigen österreichischen Nation. Aber das Verständnis der Wurzeln hat erst begonnen. Jüngst gängige Ideologien, es gäbe kein österreichisches Volk, keine österreichische Kultur, keine österreichische Nation – wir wären eben ein anderer »deutscher Stamm«, sollten uns hellhörig machen. Wir benötigen ein allumfassendes Verstehen, wieso das österreichische Volk sui generis im eigenen genius loci entstand. Somit erfahren wir auch unsere Stärken und unsere Schwächen.

Erstaunlicherweise werden uns empirische Fakten durch Archäologie, durch kritische Untersuchungen zeitgemäßer Dokumente, durch Deutungen der Sprache, der Schrift, der Kunstgegenstände und vieles mehr dargeboten. Sie erzeugen populäres Interesse; siehe die zahlreichen liebevoll errichteten Heimatmuseen, Freilichtmuseen, archäologischen Museen, die emsigen Lokalhistoriker, die stolzen Festschriften von Dörfern und Kirchen und die für Europa beispielhaften Landesausstellungen.[1] Das reiche empirische Material wird betreut von wissenschaftlichen Instituten, Spezialausstellungen, Symposien, Publikationen. All dies eröffnet neue Interpretationen. Die Suche ist also beendet, alte Theorien vergilben.[2]

Wie sieht ein neues revisionistisches Geschichtsbild aus? Unzählige neue Fakten müssen neu hinterfragt werden, um zu jenem zeitgemäßen Verstehen zu ge-

---

[1] Für unseren Zweck sind u.a. folgende Landesaustellungen wichtig:
1964: Romanische Kunst in Österreich, Katalog, Krems a. d. Donau
1965: Der hl. Altmann: Bischof von Passau. Sein Leben und sein Werk, Festschrift, Göttweig
1967: Gotik in Österreich, Katalog, Krems a.d. Donau
1976: 1000 Jahre Babenberger in Österreich, Katalog, Lilienfeld
1979: Die Zeit der frühen Habsburger, Katalog, Wien
1983: Tausend Jahre Oberösterreich. Das Werden eines Landes, Katalog, Linz 1989
1988: Seittenstetten – Kunst und Mönchtum an der Wiege Österreichs, Katalog, Seittenstetten – Wien
1989: Freising: 1250 Jahre geistliche Stadt, Katalog, Freising
1993: Bernward von Hildesheim und das Zeitalter der Ottonen, Katalog, Mainz
1996: Die Krone des Landes, Katalog, Klosterneuburg
[2] Es kann hier nur kurz auf einige Literatur verwiesen werden:
Lothmar Beckel, Ortloff Hartl, Archäologie in Österreich, Residenz-Verlag, Salzburg, 1983
Herwig Friesinger, Brigitte Vacha, Die vielen Väter Österreichs, Römer, Germanen, Slawen. Eine Spurensuche, Compress-Verlag, Wien, 1988
Gesellschaft für Wirtschaftsdokumentation, Kärntner Landwirtschafts-Chronik, Wien, 1996
Ernst Joseph Görlich, Felix Romanik, Geschichte Österreichs, Tyrolia-Verlag, Innsbruck, 1970
Anton Sterzl, Der Untergang Roms an Rhein und Mosel, Greves Verlag, Köln, 1978

langen, welches zukunftsorientiert wirken kann. Denn ohne ein erneutes tieferes Verständnis wird das österreichische Volk das vierte Mal in seinen 2500 Jahren den neuen europäischen Aufgaben, die auf uns zukommen, nicht gerecht werden können.

Im folgenden sei also eine Interpretation versucht, die aus der Fülle der neuen Materialien zu schöpfen versucht, wenngleich, aus Zeitmangel, eher selektiv vorgegangen werden muß. Die These sei aber vorweggenommen: Unsere Ethnogenese schöpft aus einem kollektiven Gedächtnis.[3] Die kulturellen Ausdrucksformen dieser unterbewußten Identität materialisieren sich an Hand verständlicher empirischer Tatsachen und fördern somit immer aufs neue Versuche der Bewußtheitsbildung angesichts historischer Aufgaben.

1. Raum und Mensch

Wie können wir in die Tiefen unserer Genesis vordringen? Vor mehr als 2000 Jahren wurde der Ostalpenraum zum Land und die Menschen darin zu Leu-

---

[3] C. G. Jung hat auf diesem Gebiet gearbeitet. U. a. hat er den Begriff »libido« nicht im Individual-Sexual-Bereich angesiedelt, sondern darauf hingewiesen, daß dessen soziale Dimension weit deutlicher sei und sich eben auch im kollektiven Gedächtnis findet. Somit besitzt die Psyche des Menschen ein Reservoir einst erarbeiteter Charakterzüge, die nicht verlorengehen, sondern vielmehr triebhaft aneifernd sie immer wieder zu einer Verwirklichung bringen. Da der österreichische Volkscharakter 2500 Jahre im selben Raum unter denselben Menschen geformt wurde, ist er eine beständige Kraftquelle. Vergleiche man damit Völker, die Vertreibungen, ethnische Säuberungen und starke Vermischungen mit anderen Elementen erleben mußten und beobachte man deren unsichere Labilität im Kulturschaffen.

ten. Land und Leute werden zu schöpferischen Faktoren.[4]

Die heute erkennbare »Jugendzeit« des österreichischen Volkes begann also konkret in den Ostalpen. Ein identifizierbares Volk besiedelt die geographisch stark strukturierten Ostalpen, deren Höhen, wie die Flußsysteme, die klimatisch begünstigten alpinen Becken, wie die nach Süden offenen Landstriche. Diese erfolgreiche und permanente Besiedlung zog daher bald eine Pluralität von ethnischen, sprachlichen und kulturellen Entitäten an. Nun darf man sich diesen Raum nicht als geschlossene geographische Einheit vorstellen. Grenzen sind etwas elastisch. Es ist kein Plateau. Es ist keine Insel – obwohl sich hierzulande berechtigterweise eine »Insel der Seligen« entwickeln konnte. Das einmalige Glück dieser europäischen Zentrallage – im Herzen, wie auch am Kreuzungspunkt – zeigte sich auf vielerlei andere Weise. Es handelte sich um viele, relativ isolierte Siedlungsgebiete, oft abseits von geographischen Einfallstoren. Es gibt nur einige begehrenswerte Durchzugsregionen, nord-südlich über Pässe und ost-westlich im Donau- und Drautal. Das Überleben muß eher hart erarbeitet werden. Es ist aber ein erfolgreiches Rückzugsgebiet in kriegerischen Zeiten. Die vielen landschaftlich sehr schönen und vielseitigen Gegenden ermöglichen unterschiedlichste Besiedlungsformen. Die Einwohner identifizierten sich stark mit ihren besiedelten Kleinräumen und entwickelten sogar eigene Kunstformen. Raum wird zum Land. Land wird zur

---

[4] Die österreichische Kindheitszeit betrifft die Illyrer, die La-Tène- und Hallstatt-Kulturen, die aber nur eine gewisse Ausprägung in den Ostalpen erfuhren. Ihre Zahlen waren zu gering, um Raum und Menschen zu prägen.

überschaubaren und geliebten Heimat. Der Reichtum an gewissen Naturschätzen ermöglicht sogar bescheidenen Wohlstand. Die Bewohner fühlen sich glücklich und entfalten eine Friedfertigkeit. Es gab kein geographisches Zentrum und daher wenig Gelegenheit zu einseitiger Beherrschung. Föderativ gestalteten sich die neuen Einwohner jeweils ihre politische Struktur. Verglichen mit Burgund oder Kastilien und anderen Wiegen des Abendlandes ist unsere Wiege aber eher ärmlich ausgestattet. Diese begünstigte und glückliche Gegend wird also das Land, von dem gesungen wurde, es »sei ein gutes Land«.

Welche Menschen gelangten dorthin und lebten in diesem geographischen Ostalpensystem?

Es ist wiederum ein Glücksfall, daß sich in diesem Raum vor allem drei Völker trafen und vereinigten. Unsere anthropologischen, ethnologischen und kulturellen Wurzeln liegen bei den Kelten,[5] später Kelto-Romanen oder auch schlechthin Romanen genannt, bei den Alpenslawen aus Nord und Süd und deren beider Symbiose und jene wieder in Synthese mit den Al-

---

[5] Die Keltenliteratur ist fast unüberschaubar geworden. Die folgenden Angaben befassen sich im besonderen mit unserem Gegenstand:
Ausstellungskatalog, Die Kelten in Mitteleuropa: Kultur, Kunst und Wirtschaft, Salzburger Landesausstellung, Hallein, 1. Mai bis 30. September 1980
The Celts, Gruppo Editoriale Fabbri Bompiani, Sozogno, Etas S. p. A., Milano, 1991 (Ausgezeichnete Ausstellung in Venedig)
Hermann Dannheimer, Rupert Gebhard, Hg., Das keltische Jahrtausend, Verlag v. Zaber, Mainz, Rosenheimer Landesausstellung, 19. Mai bis 1. November 1993
G. Dobesch, Die Kelten in Österreich nach den ältesten Berichten der Antike, Köln-Wien, 1979
Dom L. Gougaud, Gaelic Pioneers of Christianity, London, 1923
H. Löwe, Die Iren und Europa im frühen Mittelalter, Stuttgart, 1982
J. Moreau, Die Welt der Kelten, Stuttgart, 1958
Johannes Wolfgang Neugebauer, Die Kelten im Osten Österreichs, NÖ Pressehaus, St. Pölten, 1992

penbayern.[6] Die diesen Einwohnern eigentümlichen Lebensgewohnheiten verschmelzen in den ersten tausend Jahren zu einem gemeinsamen Volkscharakter, aus dem sich das österreichische Volk direkt ableiten läßt. Dieses vereinigt daher das romanische Erbe mit slawischem Einschlag unter bajuwarischer Überdachung. Das sind also die Menschen, die Leute, die zu unserem Volk mutieren. Im Regnum Noricum und später unter den Römern entfaltet sich hier eines der bedeutendsten, friedlich geprägten romanischen Völker.

2. Kontinuität

Das hat man nicht immer so gesehen, weil in der Interpretation die geschichtliche Katastrophentheorie vorherrschte und eine scharfe theoretische Trennung zwischen Altertum und Mittelalter, Spätantike und Frühmittelalter vieles zu erklären schien. Die empirischen Zeugnisse der »Jugendzeit« überzeugen uns aber davon, daß im Ostalpenraum die Kontinuität der Zivilisation bis heute ausschlaggebend ist. Die geschichtlichen Erfahrungen dieses selben »Landes« und selben »Volkes« dauern nun schon mehr als 2000 Jahre.

Die Römerzeit währte fast sieben Jahrhunderte – von der Schlacht bei Noreia (113 v. Ch.) bis zum letz-

---

[6] Baiernzeit in Oberösterreich, Ausstellung des OÖ Landesmuseums, Katalog Nr. 96, Linz, 1977
Die Bayern und ihre Nachbarn, Band I und II, Berichte des Symposions der Kommission für Frühmittelalterforschung, Stift Zwettl, 1982
Die Germanen. Geschichte und Kultur der germanischen Stämme in Mitteleuropa. Ein Handbuch in zwei Bänden, Berlin, 1976 und 1983

ten dokumentierten Zeugnis der drei binnen-norischen Bistümer (591 n. Chr.). Von diesen sieben römischen Jahrhunderten gehören sechs der christlichen Weltzeit an. Die Römerzeit ließ dieses kleine Noricum am mittelmeerländischen Jahrtausend teilhaben. Es ermöglichte den kulturellen Anschluß an den breiten Strom der allgemeinen Menschheitsentwicklung und die spezifische Entfaltung Europas, grundgelegt und verkörpert durch das Christentum. Die Römerzeit deckt sich auch mit der noch längeren Existenz von Noricum vorher und als Karantanien nachher. Noricum war daher nicht nur ein Vorland Italiens, wie Mommsen es genannt hat, sondern auch Griechenlands. Die noreische Bewußtseinswerdung lag am Schnittpunkt der dualistischen Entwicklung des europäischen Millenniums, wie Halecki[7] es betonte. Vergleichsweise dauerte die Habsburgerzeit, gemeinsam mit den Lothringern, etwas über 600 Jahre.

Es ist eben von grundlegender Bedeutung, ob man sich den Übergang von der Spätantike ins Frühmittelalter revolutionär vorstellt, bei dem zwar so manches zerstört, aber doch viel mehr erhalten und fortgeführt wurde, oder ob man die Idee einer Völkerwanderung als eher zerstörerisch einschätzt. Auf jeden Fall überlebten die Wurzeln unserer österreichischen Identität!

Noch ein Wort zur Katastrophentheorie. Bei Zeitzeugen wurde sie gespeist von Vertretern einer Denkrichtung, die von Einbrüchen der Barbaren stark ge-

---

[7] Oskar Halecki, Das europäische Jahrtausend, Otto Müller Verlag, Salzburg, 1966. Der zweifache Dualismus besteht aus dem griechisch-römischen Humanismus und dem Christentum. Beides sind wichtigste Bestandteile des Erbes Europa.

prägt war. Augustinus, Orosius, Salvianus von Marsi-
lia sind ihre ersten Vertreter. Kulturpessimismus
nährte eine gewisse Vorliebe für die Barbaren. Kirch-
lich sah man in der Hinwendung zu den Barbaren eine
neue Seelsorgeaufgabe.

Die norische Wirklichkeit im Regnum Noricum und
in der norischen Kirche reagierte allerdings anders.

3. Regnum Noricum

Als die keltischen Stämme Europa aus dem ukrainischen Osten kommend überfluteten, rückten sie im
vierten Jahrhundert v. Chr. auch ins nördliche Alpen-
vorland ein.[8] Die Traisentaler und Katzelsdorfer Aus-
grabungen werfen ein Schlaglicht auf die zivile Kultur
dieser Neuankömmlinge. Im dritten Jahrhundert v.
Chr. kommen sie auch in größeren Mengen in die süd-
lichen Ostalpen. Dies hing teilweise mit dem Zweiten
Punischen Krieg zusammen (228–201 v. Chr.), als die
Römer nach Oberitalien vorstießen und einen Teil der
oberitalischen Kelten ins Gebirge abdrängten. Die
herrschenden Schichten dieser Kelten hatten kämpfe-
rische Erfahrungen gesammelt. Sie waren ein wichtiges Söldnerelement von Syrakus, wo Platon ihnen be-
gegnete (389 v. Chr.), und Karthago, wo Hannibal sich
ihrer bediente, bis nach Jerusalem, wo noch Herodes
sie als seine Leibwächter engagierte. Als Bundesge-
nossen der Römer treffen wir schon spezifische Kelten, nämlich Noriker, als das römische Heer bei Noreia von den Kimbern geschlagen wurde (113 v. Chr.).

---

[8] Lucien Musset, The Germanic Invasions: the making of Europe
400–600 AD, Les invasions Germaniques, Presse universitaire de
France, Paris, 1965 (Barnes & Noble, N.Y.)

Dabei werden zum ersten Mal auch die Germanen genannt.

Obwohl sie kriegerisch erschienen, waren Noriker und ihre befreundeten Stämme[9] ebenso an Landwirtschaft und Viehzucht wie Handel und Kultur interessiert. Es ist daher nicht erstaunlich, daß sich unter dem »genius loci« der Ostalpen blühende Stadtburgen, landwirtschaftliche Höhensiedlungen, darunter auch Almen, gewerbliche Betriebe vor allem in Eisenverarbeitung und Salzgewinnung und weitausgedehnter Handel entwickelten. Ptolomäus zählt im zweiten Jahrhundert noch die Stämme der Seovakes, Alaunoi, Ambidravoi, Ambisortoi und Ambilikoi neben den Norikern auf. Dieses norische Stammeswesen konsolidierte sich zu einem großen Stammesverband. Politisches Geschick und Freiheitsliebe förderten die weiteren Kulturentwicklungen. Keltische Münzen beweisen vor allem Kontakte mit Mazedonien und Griechenland. Bei Caesar vernehmen wir, daß ein norischer König ihm 300 Reiter sandte. Dessen Tochter war eine der Frauen des Germanenkönigs Aviorist gewesen. Nun wird dieses florierende norische Königreich auch für die Römer als Verbündeter interessant. Als sich die römische Grenze nach Norden zum Donaulimes ausdehnte, verwandelte sich der Status in einen Klientelstaat.

Der Materialbedarf des römischen Heeres für die Rüstungen im Gallischen Krieg (58–51 v. Chr.) und im Bürgerkrieg (49–45 v. Chr.) heizte die Produktion des norischen Eisens an. Als knapp vor der Jahrtausendwende das Regnum Noricum zu einer römischen Pro-

---

9 Polybios (201–120 v.Chr.) schildert die Kelten in der Schlacht bei Talamone in der Toskana im Jahre 225 v.Chr. Cf. Barry Cunliffe, Die Kelten und ihre Geschichte, Bergisch-Gladbach, 1980

vinz wurde, hatte sich eine der erfolgreichsten Symbiosen zwischen Kelten und Romanen entwickelt, so daß man danach von den Einwohnern Noricums als den »Romanen« sprach. Zur Zeit des Abzugs gewisser römischer Militärs, Beamten und Händler aus Ufer-Noricum im ausgehenden 5. Jahrhundert war die historische Individualität des norischen Volkes klar in Erscheinung getreten. Noricum und ein Bruchteil des östlichen Rätiens und westlichen Pannoniens deckten ungefähr jenes Ostalpengebiet mit dem Donaustrom, welches auch heute Österreich ist. Lange Zeiten des Friedens und eine wirtschaftliche Prosperität schufen eine »Insel der Seligen«, zu der die weitere Zuwanderung größer als die völkerwanderungsbedingten Abwanderungen waren. Aus jener romanischen Zeit stammen auch norische Personennamen, teils illyrischen, teils keltischen Ursprungs, sowie Ortsnamen, wie wir noch sehen werden.

Abschließend sei noch auf ein Symbol des Selbstbewußtseins des norischen Volkes verwiesen, daß meines Wissens einmalig ist in der europäischen Entwicklung. Es ist ein Reichtum an provinz-römischen Portrait-Skulpturen auf uns gekommen. Bezeichnend für den norischen Volkscharakter handelt es sich hier meistens um Familienportraits. Mann und Weib sind gemeinsam auf Grabsteine gemeißelt. Kaum irgendwo in der antiken Welt ist die völlige Gleichberechtigung so plastisch verkörpert. Enthüllt sich hier eine volkstümliche Metaphysik des »homo Noricus«? Wie anders ist dieses plastische Element des Eros, der Komplementarität und Identität von Mann und Weib im gemeinsamen Werk zu deuten? Der Kontrast von fast 500jähriger Erfahrung als Söldnerkrieger in Männerbünden, mit dem friedlichen und schöpferischen Leben von

Bauern, Handwerkern und Künstlern tut sich kund. Es erinnert an Tacitus, wo die Prüderie germanischer Männerbünde nicht so sehr der Sittenstrenge entspricht als dem »horror feminae«. Es erscheint mir eine der wichtigsten Wurzeln unserer Identität, daß die metaphysische Gleichwertigkeit zweier Welten, der männlichen und der weiblichen, es ist, die in den norischen Familienporträts zum Ausdruck kommt. Nichts zeigt den elementaren Gegensatz dieses Landes schon in der Frühzeit zu den bedrohenden, von ihm aber immer wieder erfolgreich abgewehrten, barbarischen Horden deutlicher an. Ebenso zeigt es das Element der Kontinuität, der Familienpietät, des Ahnenkultes, der Religion in ihrer klassischen Form, die in diesen Skulpturen in Erscheinung tritt. Beides sind Eigenarten des Volkes, nicht bloß irgendeiner Oberschicht. Vielmehr haben sich immer wieder wechselnde Oberschichten dieser Eigenart gebeugt und sich von ihr assimilieren lassen. Auch diese Weisheit liegt in »Tu, felix Austria, nube«.

4. Norisches Christentum

Die religiöse Entwicklung des Christentums in den Ostalpen folgte dem doppelten Einfluß von West und Ost, Romanismus und Hellenismus, Rom und Byzanz. Vor allem aber wurden Sirmium an der Save in Unterpannonien und Aquileia an der nördlichen Adria zu den Toren der mittelmeerländischen Kultur.

Legenden aus der apostolischen Zeit erwähnen Apostelschüler. Der Markusschüler St. Hermagoras bekehrte von Aquileia aus. Von Sirmium aus soll St. Andronikos, einer der 72 Jünger des Herrn, gewirkt haben. Die Märtyrerviten von Irenaeus von Sirmium, Quirinus von Siscia, Cassian von Sabionae und Victorinus von Poetovio erhellen die Organisation und das kirchliche Leben der donau- und alpenländischen Kirche. Von den zahlreichen Schriften des letzteren ist ein Kommentar zur Apokalypse auf uns gekommen. Es ist die älteste einer großen Anzahl gerade aus unseren Gegenden entstandenen Schriften, die sich mit dem Antichrist und eschatologischen Geschehnissen befassen. Zuerst wird Babylon auf das heidnische Rom bezogen. Aber schon im siebten Jahrhundert sieht man die Germanengefahr als apokalyptisch an. Victorinus meint noch, die apokalyptische Zahl auf Diokletian beziehen zu müssen, dessen Verfolgung er auch zum Opfer fiel.

Die norischen Christen waren zahlreich und selbstbewußt geworden. Sie bekleideten auch höhere Ämter, wie Florian und seine Gefährten in der Regierung in Lauriacum. Florian ist der Provinzial aus Zeiselmauer, Direktor der Regierungskanzlei, wahrscheinlich ein norischer Kelto-Romane. Er wurde zum Protomartyr-Symbol einer frühchristlichen Gesellschaft, wo das Kirchenvolk direkten Einfluß ausübte auf beide Lebensbereiche, den kirchlichen und den weltlichen.

Deren klassische Beschreibung findet sich in dem einmaligen Zeitzeugnis des Mönchen Eugippius, in der Vita Severini.[10] St. Severin war eine charismatische Persönlichkeit. Er beherrschte Latein und Griechisch, verstand die Sprachen der transdanubischen Germanen, predigte auf byzantinische Weise und verteidigte die Interessen des römischen Reiches am Donaulimes.

---

[10] Johanna Haberl, Favianis, Vindobona und Wien, Brill, Leiden, 1976; dies., Wien ist älter, Amalthea, Wien, 1981

Selten gab es in der ganzen österreichischen Geschichte eine ähnlich faszinierende und erfolgreiche Persönlichkeit. Als solche diente er den norischen Christen und brachte ihnen eine Glaubenserneuerung. Aus diesen Berichten ist ersichtlich, daß es sich um eine intakte Kirche handelte, wenn auch oft mit lauwarmen Christen. Waren sie vielleicht in vierhundert Jahren Gewohnheitschristen geworden?

Ufer-Noricum wurde bald nach dem Tode St. Severins von den römischen Eliten unter Odoaker geräumt (488). Die Kirche bestand weiterhin! In Ufer-Noricum kommt sie nun allerdings noch mehr unter byzantinischen Einfluß. In Binnen-Noricum erstrahlt sie in neuem Glanz. Die alten Bischofskirchen in Virunum, Teurnia, Aguntum, Juvavum, Lauriacum und Begantium überdauern sogar den Zusammenbruch Westroms.

Noch im Jahre 591 werden drei Bischöfe Binnen-Noricums (Virunum, Teurnia, Aguntum) erwähnt, als sie gemeinsam mit anderen Suffraganen von Aquileia an den byzantinischen Kaiser Mauritius schrieben. Sie ersuchten um Schutz gegen den römischen Papst in dem subtilen theologischen »Drei-Kapitel-Streit«. Infolge dessen hatte sich Aquileia von Rom getrennt. Dahinter steckten auch politische Gegensätze der Zeit. Byzanz und die Franken/Bajuwaren trafen sich auf dem Boden der Ostalpen. Slowenen und Bajuwaren schickten sich in deren Namen an, ihre Einflußsphären abzustecken. Die vom Volk gewählten norischen Bischöfe blickten nun gemeinsam nach Byzanz, »der heiligen Republik«, um ihren rechten Glauben und ihre Freiheiten garantiert zu erhalten.

Es ist erstaunlich, wie in diesem Raum zuerst das Regnum Noricum und danach die norische Kirche einen Weg der Mitte einschlugen, der zu einem Ost-West-Reich hätte werden können. Das ostgotische Reich des Theoderich und das byzantinische Reich des Justinian I. griffen beide im sechsten Jahrhundert wieder nach dem Donaulimes, wie schon im fünften Jahrhundert einmal unter Theodosius II. und später unter Justinian I. Vindobona für eine Weile byzantinisch wurde. So kam es dann zur Vereinbarung zwischen Byzanz und den Franken, Binnen-Noricum und binnen-norische Bistümer betreffend. Auch das Awarenreich im siebten Jahrhundert verbreitete byzantinischen Einfluß; dieses Mal wieder in Ufer-Noricum.

Man kann sogar von einer byzantinischen Renaissance in Noricum unter Mauritios und Heraklios sprechen. An der Wende des sechsten zum siebten Jahrhundert beeinflußten sie die Ostalpenländer mit dem Versuch einer eigenen romanisch-slawisch-byzantinischen Kultur. Die Tatsache, daß die adriatischen Provinzen Istrien und Dalmatien noch jahrhundertelang byzantinisch blieben, bot eine dauernde Quelle byzantinischen Einflusses auf das Geschehen in den Ostalpenländern. Die Eingliederung der Kroaten und Serben in die romanisch-byzantinische Welt der Adria im siebten und achten Jahrhundert wirkte weiterhin ständig auf die Ostalpen und deren noch norische Kirche. Im neunten Jahrhundert drang die religiös byzantinische Renaissance auf slawischem Boden am weitesten nach Westen vor, bevor sie der fränkisch-bajuwarischen Missionierung, Einführung von Feudalismus und germanischen Adelsfamilien weichen mußte.[11]

---

11 Heinrich Fichtenau, Lebensordnungen des 10. Jahrhunderts, München, 1992

Die neue byzantinische Vitalität hatte eine weitere und unerwartete Konsequenz. Irische Missionare fangen um diese Zeit (siebtes Jahrhundert) an, vom Westen her in die Ostalpen und in den Donauraum einzudringen. Die keltischen Iren hatten alte Verbindungen zu Byzanz, die sie gerade die Alpenslawen aufsuchen ließen. Die Slawen kamen mit einem kaiserlichen Titel ins Land. Sie wurden von der einheimischen Bevölkerung nicht als »Eroberer«, sondern als die legitimen Vertreter der Kontinuität des Reiches anerkannt.

5. Die Neuordnung des Früh-Feudalismus

Kelten, Römer und Slawen besiedelten und gestalteten gemeinsam das Ostalpengebiet, gaben ihm seine eigene Kultur. Franken und Bajuwaren kamen, um im karolingisch-ottonischen Sinne zu christianisieren und zu regieren. Die Kultursymbiose der ersteren war aber so weit gediehen, daß auch die letzteren sich dem genius loci bald weitgehend anpaßten und gravierende Kollisionen meiden. Es wurde für alle ein gutes Land!

Das norische und karantanische Interregnum allerdings gestattete die massive Einführung und Ausübung einer neuen und superioren politischen Wirtschaftsform, des Früh-Feudalismus, einer germanischen Erfindung. Damit gingen einher eine neue Klassengesellschaft, neue adelige Strukturen in Regierungsgewalt und Kirchenmacht.[12] Christianisierung hieß Einführung des westlichen-römischen Christentums.

---

[12] Hubert Glaser, Hg., Hochstift Freising, München, 1990

Die Ankunft der neuen fränkisch-bajuwarischen Lehnsherren zog sich über zwei Jahrhunderte. Was fanden die Neuankömmlinge vor? Da nur eine relativ dünne Oberschicht Ufer-Noricum verlassen hatte und Barbareneinfälle aus dem Norden und Osten eher plünderten als massakrierten, verblieb eine breite Unterschicht in ganz Noricum, die Ackerbau, Viehzucht, Gewerbe und der Kunst weiterhin nachging. Auch die Produktion für den Export und Handel florierte weiterhin. Es bestand ein Bauernvolk, welches zwar sprachlich romanisiert war, aber einer blühenden norischen Kultur folgte. Der Freiheitsdrang der Kelten hatte sie auf verstreute Einzelhöfe, oft nach römischer Bauart, übers ganze Land verteilt. Die Bergbauernbevölkerung war noch isolierter und hatte eine Vorliebe für die Almwirtschaft. Allerdings war der Abbau von Salz und Eisen zu einer so wichtigen Nebenbeschäftigung geworden, daß mancherorts florierende Dörfer zwecks Arbeitsteilung und Handel entstanden waren. Es gab markante Städte, Siedlungen und heidnische Heiligtümer, viele nach keltischer Sitte in Höhenlagen. Es fanden sich überall hervorragende römische Straßen.[13] All dies bewirkte ein wünschenswertes Kolonisationsgebiet mit entwickelten gewerblichen Fähigkeiten und stabiler Wirtschaft, mit fleißiger Bevölkerung und vor allem politischem Frieden.

Sowohl herumschweifende Gruppen von Germanen, Hunnen und Awaren und nun organisierte Kolonisatoren aus Bayern suchten wohlfeile Realitäten auf. Einquartierte benötigten Verpflegung. Neue Oberschichten aus dem Westen benötigten Arbeitskräfte, Produkte, Steuereinkommen. Obendrein waren den

---

[13] Josef Stern, Wo Römerräder rollten, Rob Verlag, Wien, 1994

Trägern der karolingisch-ottonischen Expansionspolitik nach dem Osten das Montafoner und norische Eisen bekannt. Der westliche Sieg über das Awarenreich gab volle Verfügungsgewalt über das Eisen, die Naturschätze und die Menschen. Noricum hatte keine Schutzmächte mehr. Byzanz war weit.

Nach Dio Cassius waren Markomannen und Quaden Beispiele für wandernde Elemente. Nach Paulus Diaconus waren Langobarden und Bajuwaren hingegen Siedler. Die römischen Städte mit ihren imposanten Mauern, einer intakten gewerblichen Bevölkerung und emsigen Märkten waren ein unwiderstehlicher Anziehungspunkt. Eine schematische Übersicht der wichtigsten Scharen, die über die Donau nach Noricum einbrachen oder auch ganz ordnungsgemäß übergesetzt wurden, beleuchtet die Situation:

Erstes bis viertes Jahrhundert: Markomannen, Quaden, Jazygen
Fünftes Jahrhundert: Westgoten, Ostgoten, Hunnen, Rugen, Heruler, Skyren, Awaren, Alemannen, Thüringer
Sechstes Jahrhundert: Langobarden, Franken, Awaren, Slawen
Siebentes Jahrhundert: Slawen, Bajuwaren.

Das hatte natürlich auch mit politischen Intrigen unter den römischen Parteien zu tun, von denen Tacitus erzählt. Später kamen noch Feindseligkeiten zwischen West- und Ostrom hinzu. Zum Beispiel gab es zwischen 899–904 wiederholte Ungarneinfälle bis zur Enns, der Westgrenze von Byzanz. Das Leben ging aber weiter. Güter wurden bewirtschaftet, der Handel florierte. Es fanden sich noch keine ungarischen Friedhöfe zwischen dem Wienerwald und der Enns. Erstaunlich, daß so viele fremde Stämme, die über den Mutterboden Noricums hinwegschritten, so wenig Spuren in der Kultur und im Volk hinterlassen haben. 828 ging die Reihe der slawischen Fürsten in den Ostalpen zu Ende. Die Zeit für eine neue Ordnung war endgültig angebrochen. Sie hatte sich mit dem Kommen der Bajuwaren schon angebahnt.

Wie alle germanischen Stämme der Völkerwanderung waren auch die Bajuwaren von einem Kriegeradel geführt, der sich aus verschiedenen Stämmen rekrutierte und untereinander verschwägert und befreundet war. Es kam daher der Zeitpunkt, wo sich jener von der fränkischen Oberhoheit emanzipieren wollte. Da war Neubesiedlung eines vermeintlichen Vakuums willkommen. So sollten Dokumente es der Nachwelt beschreiben. Man zog in die Wildnis.

Diese Entwicklung soll kurz an zwei klassischen Beispielen illustriert werden, nämlich das Kommen des hl. Rupert[14] nach Salzburg und die Schenkung eines Königshofes samt weiteren dreißig benachbarten Königshufen am 1. November 996 in vormals norischer Gegend, im Volksmund aber schon »Ostarrichi« genannt.[15]

Der Bayernherzog Theodo ersuchte den »confessor«, »doctor« und Prediger der Wahrheit, einen Bischof aus Worms namens Rupert aus vornehmem fränkischem Königsgeschlecht, zu ihm nach Regensburg zu kommen (696). Er sollte in den östlichen Grenzgebieten die Gotteskirche erneuern und den Ka-

---

14 Ausstellungskatalog, Hl. Rupert von Salzburg 696-1996, Dommuseum Salzburg, 1996, und Ergänzungsband, Archäologie in St. Peter, ebenso
15 Ausstellungskatalog, Österreichische Länderausstellung 996–1996, Ostarrichi – Österreich: Menschen, Mythen, Meilensteine, Verlag Berger, Horn, 1996

tholizismus lehren. Dabei hatte Theodo seine eigenen bayrischen kirchenpolitischen Interessen im Auge. Diese östlichen Grenzgebiete lagen im »Ostland«, dem vormaligen Noricum. Rupert reiste daher zuerst zur dortigen Bischofsstadt und Gemeinde Lauriacum. Die Information, die er einholte, warnte vor den Awaren jenseits der Enns. Obendrein, vielleicht auf Drängen der restlichen christlichen Gemeinde, wurde es ihm bewußt, daß er hier an der äußersten Westgrenze des byzantinischen Reiches und der Ostkirche stand. War es daher politisch nicht opportun, weiter vorzudringen? Auf jeden Fall wandte er sich nach Süden zum Wallersee. Das Wörtchen Wallern oder Walchen, Walen, Walej, sogar Walder deutete auf Romanen hin. Dieser »Walchen«ort bedeutete eine romanisch-christliche Siedlung, möglicherweise mit Pfarrstruktur, auf jeden Fall christlicher Tradition, wenngleich bischöfliche und priesterliche Betreuung schon einige Generation fehlen mußte. So war es auch für Rupert, der sicherlich staunte, wie die norische Kirchentradition auf derartige Weise überleben konnte. Er erfüllte seinen Auftrag buchstäblich: »construxit et dedicavit« eine Petruskirche. Bekehrungen waren keine notwendig. Vielmehr bekommt er die Kunde von einer ebenso vernachlässigten Gemeinde im teilweise verfallenen Juvavum. Er eilt nach Salzburg. Auch dort befolgte er seinen Auftrag des »renovare«, denn auch hier fand er christliche Kontinuität. In Salzburgs Umgebung war die Kontinuität noch viel auffälliger. Dörfer und Gehöfte waren ja bewirtschaftet und nicht dem Verfall preisgegeben. Das älteste Güterverzeichnis der Salzburger Kirche, die Notitia Arnonis (790), zählt erwartungsgemäß diese Romanengüter auf. Sie gehörten keinen Heiden. Daher verschiebt sich die missionarische Aktivität Salzburgs auf eine »Slawenmission« und ermöglicht somit weiteres territoriales Vordringen, nun aber nach dem Südosten.

Das zweite Beispiel betrifft »Ostarrichi«. Ende des zehnten Jahrhunderts hatte das Zusammenwirken der bayrischen Herzöge und der Bistümer Lehen weit über die bairischen östlichen Bereiche, dem heutigen Oberösterreich, hinaus in ein neues »Ostland« (plagia orientalis), dem früheren Ufer-Noricum, östlich der Enns verlegt. Diese Mark an der Donau erhielt laufend Enklaven und bajuwarische Lehensleute. Sie selbst war einem Grafen Leopold (Markgraf 976–994) übertragen worden. Innerhalb seines Bereiches lag die Königshufe von Neuhofen. Derartigen Streubesitz, Inseln im norisch besiedelten Gebiet, gab es mehr und mehr, sogar bis Krain im Südosten. Der germanische Feudalismus tritt in das politische Vakuum der Spätantike.

Unter den ersten Lehnsherrn gerade im »Ostland« findet sich auch schon ein Babenberger. Ob er einem fränkischen Geschlecht entstammt, oder mit der bajuwarischen Herzogsfamilie der Liutpoldinger verwandt war, ist noch ungeklärt. »Höchst erstaunlich wäre aber, wenn man keine Verwandtschaft der Babenberger mit allen damals erfolgreichen Personengruppen fände.«[16]

6. Schlußwort

Die bajuwarische Neuordnung des norischen Landes und der norischen Kirche entpuppte sich als die

---

[16] Karl Brunner, Herzogtümer und Marken. Vom Ungarnsturm bis ins 12. Jahrhundert, Wien, 1994, 84.

schicksalshafte Vorbereitung auf die babenbergische und später habsburgische Zeit Österreichs. Nach der tausendjährigen norisch-römisch-slawischen »Jugendzeit«, die den österreichischen Volkscharakter formte, folgt nun der tausendjährige Versuch, das de facto »Ost-West-Reich« »Österreich« in ein germanisch und römisch-katholisches abendländisches Zeitalter einzubinden. Wenngleich diese Zeit seit 1918 abgelaufen ist, besteht der prägende Charakter des nun altehrwürdigen österreichischen Volkes weiterhin. Ja, Klein-Österreich, als Republik, ähnelt sehr dem seinerzeitigen Noricum. Auch erfreut sich ein Teil der alpinen Bevölkerung einer gewissen keltischen Renaissance der Taurisker.[17]

Da selektiv vorgegangen werden mußte, sind viele andere Aspekte der Kunst, der Sprache, der Schrift, des Bauwesens, der Straßen, der politischen Ausprägung der Freiheit und Demokratie, die Heiligen Wolfgang, Cyril, Methodius und andere ausgelassen. Mögen aber so manche Anwesende zu einer intensiveren Beschäftigung mit unserem norisch-römisch-slawischen Erbe angeregt werden!

Aus diesem sehr persönlichen norischen Erbe erkenne ich die tieferen Schichten meiner Landsleute. Das österreichische Volk ist eine kompakte Größe sui generis. Dieses Volk weist eine erstaunliche Permanenz auf. Es war der ausschlaggebende Einfluß auf die kulturelle, wirtschaftliche und politische Gestaltung Österreichs sowohl durch die Babenberger, wie durch die Habsburger. Jene paßten sich dem Volkscharakter

---

[17] Heuer gab es Feierlichkeiten im Pinzgau und Pongau. Ein Namensvetter Winter organisierte »Tauriskerfeste«. Die Beteiligung war groß, und die lokale Identifikation mit dem Keltenstamm der Taurisker erstaunte Beobachter.

an. Dynastien, Monarchie, Reich sind vergangen. Das Volk ist geblieben. Wenn es seine Wurzeln kennt und versteht, wird es auch weiterhin überleben und sein Schicksal in Europa erfolgreich gestalten.

Diese Zuversicht habe ich trotz der eingangs erwähnten Krise in Europa. Als orthodox-katholischer Wissenschaftler sei mir abschließend noch ein persönliches Zeugnis gestattet, warum ich zuversichtlich bin. Was freut mich und unzählige Österreicher am meisten an unserem norischen Erbe? Die Noricer verehrten eine Göttin, eine Muttergöttin und keine männliche kriegerische Gottheit. Die Mutter-Göttin Noreia war mehr als eine Fruchtbarkeitsgöttin des Nahen Ostens. Noricer benannten sich selbst nach ihr. Historiker der Nachbarn taten ebenso. Noricer errichteten Heiligtümer zu ihr auf Berghöhen, weithin sichtbar. Sie war Landespatronin, eine Landesmutter. Man wallfahrtete gerne zu ihr hinan. Heute ist Österreich, welches dem norischen Stammlande entspricht, jenes Land der Welt, welches proportional zur Einwohnerzahl die meisten Marienheiligtümer aufweist. Sehr viele davon stehen auf noreischen Grundsteinen.

Nichts erscheint mir persönlich bedeutungsvoller zu sein in unserer 2500jährigen Geschichte als die Treue unseres vielgeprüften Volkes zu einem mütterlich marianisch geprägten Land. Man kann sich gar nicht einen Dreieinigen Gott als Vater und Mutter vorstellen, denn der ÖSTERREICHER HAT SEINE MAGNA MATER AUSTRIAE!

Nachwort

In den Namen finden wir die Wurzeln

Die norische Jugendzeit hinterließ eine lingua franca besonderer Prägung. Während jene bei anderen Symbiosen zwischen Kelto-Romanen und Germanen zu Landessprachen wurden, siehe Englisch, Französisch, Spanisch, Portugiesisch und Italienisch, gibt es in den Westalpen nur mehr die Romontsche Sprachinsel in Graubünden. Allerdings wurden die Westalpen-Romanen 1938 zu einer der vier berechtigten Nationalitäten der Schweizer Nation.

Seit dem Verschwinden der Barschalken sind die Ostalpen-Romontschen (Romanen) lediglich vertreten durch die österreichischen Ladiner in Südtirol und die österreichischen Furlaner in Friaul. Beide sprechen heute noch norisches Romanisch.

Im Herzland Noricums entfaltete sich ein dritter Weg. Die Bajuwaren entwickelten sich zu den österreichischen Alpenbayern. Die kulturelle Assimilationskraft des provinzial-römischen Volkstums, gestärkt durch die Alpenslawen, wirkte derart auf die bajuwarischen Einwanderer, daß sie sich sprachlich und kulturell anpaßten. Viele der lateinisch-romanischen Lehnworte im alpenbajuwarischen Dialekt kommen aus der wirtschaftlichen und kulturellen Kontinuität in den norischen Ostalpengebieten.

In dieser österreichischen lingua franca spiegeln sich auch die Orts- und Personennamen, wenn sie nicht ausdrücklich germanisiert wurden. In den Namen finden wir die Wurzeln! Dieser Anhang soll nur einige Beispiele bieten.

1. Weinbau

Kelter und keltern (calcatorium, calcare)

Trichter (trajectorius, trajicere)

Kufe (copa, cuppa)

Torkel und torkeln (torculum, torcula, torculare; Romontsch: tuorkel)

Most (vinum mustum)

Lauer (mit Wasser aufgegossener Wein) (Lora; Schweizerisch: glöri)

Pfropfen (propaginare, propogare)

2. Obstbau

Birne (pirum)	Pfirsich (persicum)
Kirsche (cerasum)	Pflaume (prunum)
Zwetschge (damascenum)	Quitte (catones)
Kastanie (castinae)	Nuß (nux)
Mandel (amandula)	Maulbeer (murum)

Marille (armeniacum; italienisch: armenillo, armellino)

eine besondere Note tragen die norisch-slawischen Bezeichnungen, wie

Ribisl (ribes)	Agrasel (ribes grossularia, agresta)

Preiselbeer (slowenisch: brusnica; tschechisch: bruslina)

Hetschepetsch (slowenisch: scipek; tschechisch: sipek)

Dirlitzen, Dirndln (von cornus mas)	Berberitzen (berberis)

Herlitzen (cornus sanguinae)

3. Gemüsebau

Gurke (cucumis)	Spargel (asparagus)
Kohl (caulis)	Kohlrabi (caulus rapi)

Karfiol (caulifiori)   Zwiebel (cepula)
Rettich/Radi (radix)   Zeller (sclinum)
Erbse (cervum; norisch:
arbe(i)s)   Fisole (phaseolus)

4. *Blumen- und Arzneigarten*

Rose (rosa)   Lilie (lilium)
Rosmarin (rosmarius)   Speik (spica)
Lavendel (lavendula)   Eibisch (ibiscum)
Salbei (salvia)   Baldrian (valerian)
Enzian (gentiana)   Fenchel (foeniculum)
Minze (mentha)

5. *Wiener Küche*

Die spätere Entwicklung des Bayrischen auf österreichischem Boden wird ganz besonders durch die
Ausdrücke der Wiener Küche beleuchtet. Dabei können deutlich die romanische Grundlage beobachtet
werden, der slawische Einfluß und schließlich die viel-
fachen Amalgamierungen aller drei Sprachstämme.

Semmel (similia   Kipferl (cippus)
= Weizenmehl)
Nockerl (nucleus, gnocco) Gugelhupf (cuculla
                           = Kapuze)

6. *Salzburg*

Maria Plain (plagia =
Abhang)   Muntigl (monticulus)
Eugendorf (Jubindorf,
Juvinan)   Parsch (pors, pars)
Gnigl (genicula, cunicolo) Morz (Marciago =
                           Haus des Marcius)
Anif (anava = Bergkiefer) Gneis (Genals, Gnels)
Glas (glasa)   Adnet (adnaten)

Krispl (Gut des Crispulus) Hallein (kelt. Stamm
                            Alaunoi)
Tuval (tubula   Gamp (campus roma
= kl. Wasserrinne)   nus)
Vigaun (vicus = Großdorf)   Kuchl (cucullus = Kogl)
Gois (collis)   Marzoll (Marciola)

Folgende Hofnamen könnten auch in Graubünden vorkommen:

Roxnis, Pizoll, Pertill, Risol, Ramis, Runzols, Prunis, Trifail, Raxlan, Ramai, Montigl usw.

7. *Tirol*

Der alte Grenzberg zwischen den drei römischen Provinzen Raetien, Binnen-Noricum und Ufer-Noricum, der auch heute noch die drei Ländern, Tirol, Kärnten und Salzburg abgrenzt, ist die Dreiherrenspitze (3505 m) im Venedigerstock, die von Osttirol durch das Umbaltal erreicht wird (umbelicus, der Nabel, an den sich die antike Idee des geographischen Mittelpunktes knüpft).

Ebbs (ad Episas)   Erl (Oriano)
Joven Alm (im Kaiser-   Waller Alm (am
gebirge)   Zettonkaiser)
Kundl (Ad quantalas)   Fuginas (Fügen)

Von Jenbach geht das Inntal westwärts über Stans, Viecht, Schwaz, Vomp, Pill, Terfens, Weer, Kolsass, Wattens, Fritzens, Volders, Mils, Hall, Absam, Thaur, Rum, Arzl nach Innsbruck. Mit Ausnahme eines einzigen Ortes (Baumkirchen zwischen Fritzens und Mils) haben alle Orte an dieser Strecke von 30 Kilometern romanische Namen.

Diese wenigen Beispiele illustrieren den Reichtum, der bei der Namensforschung noch gehoben werden kann.

Christoph Donin: Oberösterreich und Niederösterreich

Floridus Röhrig

Das Werden Österreichs

Identität ist ein Modewort unserer Tage. Und wenn man die Veranstaltungen des Jahres 1996 betrachtet, scheint die Suche nach ihrer Identität derzeit die Hauptbeschäftigung der Österreicher zu sein.

Identität ist nur möglich im Zusammenhang mit Geschichte. Um seine Identität feststellen zu können, braucht der Mensch Zeugnisse der Geschichte: Urkunden müssen darüber Auskunft geben, Zeugen müssen beweisen können, wer er ist. Ohne geschichtlichen Beweis gibt es keine Identität. Und er muß auch identifizierbar sein. Man kann sich natürlich auch eine falsche Identität zulegen, aber die wird – wenn es mit rechten Dingen zugeht – durch historische Zeugnisse widerlegt. Dies alles trifft aber nicht nur auf Personen zu, sondern auch auf Gemeinschaften und auf Länder.

Wie steht es also mit Österreich? Wir feiern 1996 ein Dokument, das zum ersten Mal den Namen unseres Landes überliefert. Die historische Identität ist unbezweifelbar, das Land ist geographisch eindeutig fixiert, es ist der erste schriftliche Nachweis unseres Namens. Genügt das aber? Wir wissen gerade aus der Geschichtsforschung, daß ein Namensnachweis allein noch zu wenig ist, es bedarf auch des Identitätsnachweises, daß die Abstammung nachweisbar ist. Bei der genealogischen Forschung dienen dazu schriftliche Dokumente. In unserem Fall ist es etwas anders. Ein Volk braucht Identifikationsmodelle und -figuren, an

48

denen es sich orientieren und sich dadurch auch mit seiner Geschichte identifizieren kann. Auch hier kann es Irrtümer und Fälschungen geben. Wir wollen nun in Kürze versuchen, in der Geschichte Österreichs anhand von Modellen und Figuren dieser Identität nachzugehen, vor allem aber, sie daran für die Gegenwart festzumachen. Und dafür haben wir genug Anhaltspunkte.

Das Datum 996 ist, wie schon oft gesagt, ein eher zufälliger Anknüpfungspunkt, denn die Urkunde sagt ja selbst, daß das Land schon Ostarrichi genannt wird. Wichtiger scheint mir doch das Jahr 976, in dem zum ersten Mal der Markgraf Luitpold genannt wird, der erste jener Familie, die wir heute die Babenberger zu nennen pflegen. Es gibt zwei Theorien über die Herkunft dieser Familie. Otto von Freising, der ihr selber angehörte, leitet sie von jenem Adalbert von Bamberg her, der 906 – offenbar widerrechtlich – hingerichtet wurde. Die moderne Forschung neigt eher dazu, die Babenberger als eine Seitenlinie des bayrischen Herzogshauses der Luitpoldinger anzusehen, worauf auch die Nennung in der Urkunde von 976 verweist. Das ist aber für unser Thema von untergeordneter Bedeutung. Wichtig ist, daß diese Familie schon bald das Land zu repräsentieren begann, und auch länger als viele vergleichbare Häuser dieses Land regierte. Sicherlich haben sich die Bürger dieses Landes zunächst als Bayern empfunden. Sie gehörten ja auch zu diesem Herzogtum. Eine Differenzierung gibt es zum ersten Mal unter Leopold II., der sich samt dem Adel seines Landes 1081 offiziell von König Heinrich IV. trennte und zur gregorianischen Partei übertrat. Hier bemerken wir schon ein selbständiges und gemeinsames Handeln von Markgraf und Land. Noch bemerkenswerter ist, daß nach der Schlacht von Mailberg im Jahre 1082, in welcher der mit dem König verbündete Böhmenherzog den Österreichern eine vernichtende Niederlage zufügte, keine Sanktionen gegen den Markgrafen erfolgten. Offenbar war er schon so fest im Land verankert, daß eine Absetzung oder andersartige Degradierung nicht möglich schien.

Die eigentliche Identifikationsfigur für unser Land wird aber Leopolds Sohn, Markgraf Leopold III. Er tat die entscheidenden Schritte zur Ausbildung der Landeshoheit. Unter ihm ist zum ersten Mal von einem Landrecht die Rede (ius illius terrae). Das heißt, die Bewohner fühlten sich nicht mehr wie bisher als Untertanen verschiedener Grundherren, sondern als eine Gemeinschaft, die nach gemeinsamem Recht lebt und sich durch dieses Recht verbunden fühlt. Leopold spricht selbst von seinem Landesfürstentum (principatus terrae). Das ist keine leere Floskel, sondern paßt zu allen anderen Zeugnissen der Zeit. Schon um 1115 hatte er selbstbewußt von seiner »Herrschaft« (meum regimen) gesprochen, womit er nicht sein Amt, sondern einen territorialen Begriff meinte. Wir können in der Regierung Leopolds einen zweifachen Prozeß wahrnehmen: in der Bevölkerung entsteht ein echtes Landesbewußtsein, und der Markgraf entwickelt sich vom königlichen Beauftragten zu einem Territorialfürsten.

Leopold III. unterhielt auch bereits einen eigenen Hofstaat. Er ist der erste Landesfürst in Österreich, an dessen Hof Dienstämter urkundlich überliefert sind. Durch die Heirat mit der Kaisertochter Agnes war er in den Kreis der vornehmsten Reichsfürsten aufgerückt, und die Stiftung des Klosters Neuburg sollte diesen Rang sichtbar dokumentieren. Die Folge war, daß er als ernsthafter Kandidat für die Königswahl des Jahres 1125 aufgestellt wurde. Er lehnte diese Wahl von vornherein ab – das war nicht österreichischer Minderwertigkeitskomplex, sondern nüchterne Einsicht in die politischen Realitäten. Er wußte, daß das Reichsoberhaupt unweigerlich in Konflikte hineingezogen werde, und die große Zahl seiner Söhne schien diese Gefahr noch zu vermehren. Leopolds Anliegen aber war, so lange er regierte, die Erhaltung des Friedens. Wie ein roter Faden zieht sich die Friedenspolitik durch sein ganzes Handeln.

Und diese Friedenspolitik war es auch, die den »milden Markgrafen«, wie ihn schon die Zeitgenossen nannten, so ungeheuer beliebt in seinem Volk machte, daß es ihn schon sehr bald nach seinem Tode als Heiligen verehrte, wenn auch die offizielle Kanonisation noch lange auf sich warten ließ. Im heutigen Bewußtsein lebt Leopold III. als großzügiger Stifter von Klöstern und kirchlichen Einrichtungen weiter, und das war er ja auch. Aber die Zeitgenossen schätzten ihn wegen seiner Friedensliebe. Er nahm in seinem ganzen Leben an keinem Krieg teil, sondern suchte im Gegenteil Blutvergießen zu verhindern, wie bei der nicht stattgefundenen Schlacht am Regen 1106, und zwischen feindlichen Parteien zu vermitteln, wie im Wormser Konkordat 1122. So sicherte er seinem Land die für damalige Verhältnisse ungewöhnlich lange Friedenszeit von über 40 Jahren, was dem Land großen Wohlstand brachte. Trotz seiner Friedensliebe war Leopold aber nicht wehrlos. Zweimal vermochte er ungarische Einfälle (1118/19 und 1133) sehr rasch und wirkungsvoll zurückzuschlagen. In der Heiligsprechungsbulle Papst Innozenz VIII. von 1485 wird ausdrücklich hervorgehoben, daß Leopold das ihm anvertraute Land in einer Zeit des Streitens und Blut-vergießens »in gottgefälligem Frieden« erhalten habe. Diese Friedenspolitik war ein wichtiges Element für die Ausbildung der Landeshoheit.

Leopold III. legte aber auch den Grundstein für eine neue Organisation der Landesherrschaft. Er hatte zwar hier in Klosterneuburg seinen Sitz mit einem kirchlichen Zentrum (wahrscheinlich wollte er ur-sprünglich dieses Haus zu einem Bischofssitz ma-chen), aber er brachte bereits systematisch die Gegend von Wien unter seinen Einfluß, um hier nicht bloß ein politisches, sondern auch ein wirtschaftliches und ver-kehrstechnisches Zentrum entstehen zu lassen. Es wird hier schon ein echtes geopolitisches Konzept sichtbar, das allerdings erst sein Sohn in die Tat um-setzen konnte. Es ist kein Zufall, daß Leopold III. zu einer der wichtigsten identitätsstiftenden Figuren in der Geschichte Österreichs wurde.

Herzog Rudolf IV., dessen ganze Energie der Er-höhung seines Landes Österreich galt, betrieb nicht umsonst die Heiligsprechung des Markgrafen. Und in seinem berühmten Majestätssiegel setzte er das ver-meintliche Wappen des Markgrafen, das übrigens hier im Hause geschaffen wurde – worüber unsere Aus-stellung Auskunft gibt – an eine hervorgehobene Stelle, sich sozusagen mit dem großen Vorgänger iden-tifizierend. Und der österreichische Erzherzogshut, ganz bewußt als »Heilige Krone« des Landes konzi-piert, wurde von Maximilian III. hierher an das Grab des heiligen Markgrafen gestiftet. So wird Leopold zur Identifikationsfigur dieses Landes.

Was Leopold III. schon vorbereitet hatte, das voll-endet dann sein Sohn Heinrich II. Jasomirgott: die ei-gentliche Stadtwerdung Wiens als geopolitischer Mittelpunkt des Landes. Unter Heinrich findet nun ein Ereignis statt, da für die Geschichte Österreichs viel wichtiger ist als das Datum 996: die Erhebung Österreichs zum selbständigen Herzogtum mit vielen ganz außergewöhnlichen Privilegien, unter anderem wird die weibliche Erbfolge garantiert. Auch diese neue Stellung war, wie oben angedeutet, schon von Leopold III. vorweggenommen gewesen, aber jetzt erhält die Selbständigkeit und Würde Österreichs die offizielle Sanktion des Kaisers. Das Dokument dieser Erhöhung, das »Privilegium minus«, ist bekanntlich nicht im Original erhalten, denn Herzog Rudolf IV. beseitigte es, als er durch Fälschung noch viel weiterreichende Privilegien für das Land im sog. »Privilegium maius« konstruierte. Vom Privilegium minus ist nur eine einzige authentische Abschrift vorhanden, sie liegt im Stift Klosterneuburg und ist in der Ausstellung zu sehen. Diese Abschrift ließ sich Herzogin Gertrud, die letzte Babenbergerin, anfertigen, um ihre Erbrechte auf das Land zu beweisen. Es half ihr aber nichts, die militärische Macht des Böhmenkönigs Ottokar war stärker als das Pergament. Da die Herzogin in Klosterneuburg wohnte, gelangte es in das Stift.

Es ist übrigens bemerkenswert, daß alle diese Dokumente nicht mit Bezug auf einen Landesfürsten, sondern stets für das Land selbst ausgestellt sind. Das Land Österreich ist der Nutznießer all dieser Rechte. Das ist wohl ein sehr entscheidender Identifikationsfaktor.

Für kurze Zeit wird Klosterneuburg babenbergischer Herrschersitz. Herzog Leopold VI. verlegt seine Residenz wieder nach Klosterneuburg, aber nicht in die Burg seines Urgroßvaters Leopold III., die ihm zu klein war, sondern er errichtet an der anderen Seite der

Oberen Stadt eine neue, viel größere und prächtige Residenzanlage. Wir wissen nicht, was den Herzog dazu bewog, Wien zu verlassen und seine Residenz wieder nach Neuburg zu verlegen – übrigens eines der frühesten Beispiele einer »Stadtflucht« im Mittelalter. Vielleicht war das Motiv die Rückkehr zum Wohnsitz des heiligen Vorfahren eine Art Identifikation mit seinem Urgroßvater Leopold III.

In Verbindung mit dieser neuen Residenz ließ der Herzog auch eine neue Burgkapelle errichten, die berühmte »Capella speciosa«, die »kostbare Kapelle«. Sie war das Werk französischer Baumeister der königlichen Bauhütte zu Reiss, geweiht 1222, das erste gotische Bauwerk in Österreich. Sie wurde nicht nur wegen ihrer Neuheit, sondern auch wegen ihrer Pracht sehr bewundert: die Bauglieder waren aus rotem und weißem Marmor mit reicher Vergoldung, das Dach war mit vergoldeten Zinnschindeln gedeckt. Dieses Wunderwerk entstand zu einer Zeit, da man ringsherum noch im romanischen Stil baute. Auch dieses Bauwerk ist ein wichtiges Denkmal, denn es beweist, daß Österreich keine rückständige Provinz war, sondern daß hier die neuesten Errungenschaften der Kunst und Technik begeistert aufgegriffen und verwirklicht wurden. Leider hat der Unverstand der Aufklärungszeit dieses einmalige Bauwerk zerstört. Immerhin ist es in unseren Tagen gelungen, mittels Computer eine exakte Rekonstruktion dieser Kapelle herzustellen.

Unter dem letzten Babenberger Friedrich II., später »der Streitbare« genannt, sollte Österreich zum höchsten Gipfel seiner Existenz kommen. Die Urkunde der Erhebung zum Königreich war schon vorbereitet, auch die Errichtung eines Bistums in Wien war schon beschlossene Sache, da vereitelte der frühe Tod des Herzogs auf dem Schlachtfeld all diese Bemühungen.

Mit dem Ende der Babenberger droht Österreich ernstlich der Verlust seiner Identität. Herzogin Gertrud konnte ihre auf Grund des Privilegium minus berechtigten Erbansprüche nicht durchsetzen, Ungarn suchte die Steiermark zu annektieren, der Böhmenkönig Ottokar besetzte das Herzogtum Österreich. Die Herrschaft dieses mächtigen und prachtliebenden Herrschers war weiten Kreisen in Österreich nicht zuwider, aber es bestand die ernste Gefahr, daß Österreich zu einem Anhängsel des böhmischen Königreiches geworden wäre und Wien zu einer Provinzstadt. Insofern war es für unser Land providentiell, daß der neugewählte König Rudolf von Habsburg die österreichischen Reichslehen einzog und seinen Söhnen übertrug. Zumal den Wienern der reiche Böhmenkönig lieber war als die sparsamen Schweizer und sie sich nach Kräften den neuen Landesherren widersetzten. Als ihnen aber nach dem Tode Ottokars nichts anderes mehr übrigblieb, mußten sich auch die Wiener Albrecht I. unterwerfen. Diese Unterwerfung nahm der Herzog in Neuburg entgegen, wo er eine neue Burg errichtet hatte, in der er sich gerne aufhielt. Da er der Stadt mehrere Privilegien erteilte, nannte sie sich fortan »Herzogneuburg«, wie auch auf dem Stadtsiegel zu lesen ist. Als nach dem Tod Albrechts kein Herzog mehr in der Stadt residierte, kehrte man doch wieder zum üblichen Namen Klosterneuburg zurück.

Albrecht I. hatte ein großes politisches Konzept, und es war diesem energischen Mann wohl zuzutrauen, daß er das deutsche Reich nach dem Vorbild Frankreichs zu einem Einheitsstaat hätte umgestalten können, worauf manche Indizien hinweisen. Die Ermordung durch seinen Neffen am l. Mai 1308 machte alle derartigen Pläne zunichte und wurde als ein wahrhafter »dies ater«, ein Unheilstag für das Reich und das Haus Österreich, angesehen. Für die Entwicklung Österreichs mag es allerdings von Bedeutung gewesen sein, daß es nicht in einem Zentralstaat unterging.

Immer wieder beschäftigte die Historiker die Frage, ob die Habsburger von den Babenbergern abstammten. Für frühere Generationen war das überhaupt kein Problem, denn das »Haus Österreich« war die herrschende Dynastie, unabhängig von ihrer Herkunft, und die verschiedenen Privilegien galten dem Lande an sich. Übrigens machen neuere Forschungen glaubhaft, daß die Habsburger über Elisabeth von Görz, die Gemahlin Albrechts I., tatsächlich von den Babenbergern abstammen dürften.

Als Landfremde waren die Habsburger nach Österreich gekommen, aber sie lebten sich sehr rasch hier ein. Bereits Herzog Albrecht II. fühlte sich ganz als Österreicher. Dies geht auch daraus hervor, daß er und seine Gattin Johanna von Pfirt, die fünfzehn Jahre auf Kindersegen warten mußten, zum Dank für die schließlich geborenen Kinder Wallfahrten zum Markgrafen Leopold nach Klosterneuburg unternahmen, der ob seines Kinderreichtums als geeigneter Patron erschien.

Albrechts II. Sohn, Herzog Rudolf IV., strebte für sein Land Österreich eine Sonderstellung an. Einerseits versuchte er dies mit den Mitteln der Fälschung zu erreichen – vom »Privilegium maius« war schon die Rede – andererseits durch religiöse Akte. Er bemühte sich ernstlich um die Heiligsprechung des Markgrafen Leopold und suchte, diesen auch durch große Stiftungen nachzuahmen. So stiftete er die Wiener Universität und das Allerheiligenkapitel an der Wiener Stephanskirche. Dessen Kanoniker stattete er viel prächtiger aus, als es bei einem Kollegiatkapitel üblich war, denn sie sollten eine Art von geistlichem Hofstaat bilden. Sein Onkel, Friedrich der Schöne, hatte sich seinerzeit vor seinem Schwiegervater König Jaime von Aragon schämen müssen, da er keinen einzigen landsässigen Bischof im Gefolge hatte. Das ist auch der Grund dafür, daß in Österreich die Prälaten der Stifte größeres Gewicht als anderswo besaßen.

Herzog Rudolf IV. suchte mit allen Mitteln, seinem Land innerhalb des Reiches eine Sonderstellung zu verschaffen. Sein kurzes Leben war ganz und gar von dieser Idee erfüllt. Ein Zeitgenosse sagte von ihm, wenn er länger gelebt hätte, hätte er Österreich entweder auf die höchsten Höhen oder in den tiefsten Abgrund geführt.

Mit bedeutend weniger Energie, aber größerem Erfolg hat dann Kaiser Friedrich III. die Ideen Rudolfs später aufgegriffen. Er verschaffte dem Titel »Erzherzog« die reichsrechtliche Anerkennung, er konnte die Kanonisation des Markgrafen Leopold III. endlich erleben und führte durch seine zielbewußte Heiratspolitik Österreich in die Reihe der Großmächte, was freilich erst in der nächsten Generation zur vollen Wirkung kam.

Österreich sollte aber nicht nur politische Größe erlangen, sondern auch mystische Bedeutung. Dafür sorgte Erzherzog Maximilian III. mit der Stiftung des Erzherzogshutes. Er sollte ein Heiligtum sein. So wie Ungarn die Stephanskrone und Böhmen die Wenzelskrone besitzt, sollte Österreich eine Leopoldskrone erhalten. Tatsächlich wurde diese Krone auch wie ein Heiligtum behandelt. Damit hat sich sozusagen der

Kreis geschlossen. Die Ausstellung »Die Krone des Landes« zeigt nicht nur die enge Verbundenheit Klosterneuburgs mit der österreichischen Geschichte, sondern auch die übernatürliche Verankerung des Begriffes Österreich.

Christoph Donin: Steiermark

Georg Kugler

Land und Haus Österreich – Aspekte eines kulturellen Staatsbewußtseins

Der Versuch, eine kulturelle Identität für Österreich aus historischer Sicht zu definieren, setzt die Klärung des Begriffes Österreich und seiner unterschiedlichen Zuordnung voraus, also geht es zunächst um den Bedeutungswandel des Namens Österreich und dessen, was wir mit ihm verbinden können.

Nach der ersten schriftlichen Nennung des Namens vor den vielberufenen 1000 Jahren zu schließen, war er damals geläufig, ist also schon viel früher gebraucht worden. So wurde er auch gleichlautend für das ganze große ostfränkische Reich und für kleine Gebiete des deutschen Königreiches im Osten verwendet, wenn wir diese auch im Westen suchen müssen.

Ostarrichi war oder wurde zuerst zum Namen der bayrischen Mark der Babenberger, für die unter anderem auch die Bezeichnung marchia orientalis überliefert ist, nicht aber Ostmark. Im 12. Jahrhundert wurde auch häufig der eindeutige Landesname Austria verwendet. Er kommt übrigens erstmals im Jahre 1147 in einer Urkunde König Konrads III. für die Bedeutendste aller Klosterstiftungen der Babenberger, für Klosterneuburg vor.

Österreich blieb auch der Name des habsburgischen Territoriums, wurde davon abgeleitet zum Namen der Dynastie und zu dem einer Weltmacht, schließlich zu dem eines erblichen Kaisertums, das nach konstitutionellen Brüchen in die Österreichisch-Ungarische Monarchie überging, jener europäischen Großmacht

60

ohne Macht, die kurz und beiläufig weiterhin Österreich genannt wurde.

Man muß also ganz offensichtlich von mehreren Österreichbegriffen sprechen.

Als die Doppelmonarchie als Ergebnis des Ersten Weltkrieges zerfiel und die zentrifugalen Kräfte ihren Höhepunkt erreicht hatten, ging der Name Österreich fast verloren. Das bekannte Wort Clemenceaus »L'Autriche c'est ce qui reste« gibt zwar einen Hinweis auf ein Restösterreich, wie heute von einem Restjugoslawien gesprochen wird, aber – damals wie heute – hört das betroffene Volk solche Bezeichnungen nicht gerne. Für damals läßt dies ein Ausspruch des langjährigen Chefredakteurs der Arbeiterzeitung, Friedrich Austerlitz (1862–1931), vermuten, der lautet: »Wir sind unabhängig geworden, nachdem uns alle anderen verlassen haben.« Er und viele andere empfanden sich als Volk ohne Staat. Auch Friedrich Austerlitz orientierte sich an einem größeren Österreich.

Als Namen des neuen Staates schlug der pazifistische Völkerrechtslehrer und letzte kaiserliche Ministerpräsident, Heinrich Lammasch (1853–1920), »Norische Republik« vor, Karl Renner »Süddeutschland« – analog zu Südslawien. Nach einem kurzen weltpolitischen Atemholen mit der Verlegenheitsbenennung Deutschösterreich fiel der alte Name wieder dem Lande zu, jenen Donau- und Alpenländern, denen er schon einmal allein gehört hatte.

Soweit der große Bogen. An ihm gibt es einige bemerkenswerte Kerben und verleimte Bruchstellen, die nicht leicht auszumachen sind:

Wann wird aus dem Lande Österreich die Dynastie dieses Namens, die Casa d'Austria?

Wann heißen nicht nur das Donauland, sondern alle deutschen Erblande auch Österreich?
Welchen Namen hat die Republik im Jahre 1919 angenommen? Den des Erzherzogtums ob und unter der Enns, den Großösterreichs, den der Dynastie?
Was erlaubt uns, eine österreichische Identität nicht an der Gemeinsamkeit der deutschen Kronländer, die heute die Republik bilden, anzubinden, sondern am Hause Österreich?

Nachdem die babenbergischen Länder Österreich und Steyr (oder Steiermark) von König Premysl Ottokar II. ein Vierteljahrhundert regiert worden waren, wurden sie habsburgisch. Die neuen habsburgischen Landesherren nannten die ihnen (1282) zu Lehen gegebenen Territorien auch nach der Erwerbung Kärntens und Krains (1335) sowie Tirols (1363) und der Vorlande (z. B. Freiburg 1368) weiterhin Österreich. Der hohe Rang dieses Kernlandes (er war seit 1156 Herzogtum, hatte besondere Vorrechte und beanspruchte den erst später legalisierten Titel eines Erzherzogtums) war Grundlage der Macht des jeweiligen Herrschers und seiner Dynastie. Seit Anfang des vierzehnten Jahrhunderts nannte sich diese nach den Ländern »von Österreich«. Ein Jahrhundert später wird regelmäßig der Begriff domus Austriae verwendet. Und zwar sprechen die Mitglieder aller Linien, also etwa auch Herzog Siegmund von Tirol, von »unserem Haus Österreich« als etwas Gemeinsamem. Zunächst ist aber damit nicht das Herrscherhaus gemeint, wie gelegentlich voreilig geschlossen wird, sondern die Gesamtheit aller Besitzungen, der Herrschaftsbereich, »Haus und Hof« im übertragenen Sinne. Thomas Ebendorfer, der bedeutende Geschichtsschreiber des 15. Jahrhunderts, führt ausdrücklich aus, daß »das Geschlecht Habsburg das löblich Haus Österreich regiert, nachdem es König Ottokarus ward genommen«.

Domus Austriae wird in Ermangelung eines staatsrechtlichen Titels zu Haus Österreich, Bezeichnung des Gesamtdominiums. Auch bei Maximilian I. ist »Haus Österreich« der Titel sämtlicher unter des Habsburgers Herrschaft vereinigten Gebiete, weshalb er immer »unser Haus Österreich« sagt, dessen »Inhaber« er sei. Maximilian verwendet den Begriff aber auch dynastisch in der erweiterten Form »Maison d'Autriche et Bourgogne«. Seine Enkel, mit deren Namen der Schritt der Dynastie zur europäischen Großmacht verbunden ist, bezeichnen sich einfach als »de Austria«. Weil nach der Teilung der Herrschaftsgebiete zwischen den Brüdern Karl (V.) und Ferdinand (I.), der Teilung also in eine spanisch-burgundische und eine deutsche Linie, sich auch jene Mitglieder des Hauses »de Austria« nannten, die keinerlei territoriale Beziehungen zu den österreichischen Ländern mehr hatten, ist der Begriff als rein dynastisch zu erkennen. Kaiser Karl V. und sein Sohn König Philipp II., der doch schon als spanischer Herrscher par exellence galt, hießen und heißen heute noch »los Austrias mayores«.

Das »Haus Österreich« regierte in Spanien wie später das Haus Hannover in England oder das Haus Sachsen in Polen. Daß eine spanische Infantin, die einen französischen König heiratete, in Frankreich Anne d'Autriche oder Maria-Thérèse d'Autriche genannt wurde, ist schon bemerkenswert! Gleichzeitig hieß aber das Erzherzogtum an der Donau weiterhin »Österreich ob und unter der Enns«. Es gibt zwei Ebenen, auf denen der Österreichbegriff vorkommt, eine dynastische und eine historische. Es bildete sich noch eine dritte Bedeutung von »Österreich« heraus, als Bezeichnung des Staatsgebildes aller jener Länder, die vom deutschen Zweig des Hauses Österreich regiert wurden, also die Hausmacht des römisch-deutschen Kaisers aus der habsburgischen Dynastie.

Österreich als Staatsbegriff taucht in der Mitte des 17. Jahrhunderts auf, früh nachzuweisen 1684 im Titel von Philipp Wilhelm von Hornigks berühmtem ökonomisch-politischem Werk »Österreich über alles wenn es nur will«, einem Bestseller des Merkantilismus, dessen Titel noch Beethoven als Text für ein »Österreich«-Lied diente. Mit Österreich meint Hornigk alle habsburgischen Länder; diese waren damals nur die Reichsländer, denn Ungarn war noch türkisch. Um 1700 taucht der Begriff Monarchia Austriaca für die von Wien aus beherrschten habsburgischen Länder auf – ob mit Einschluß Ungarns ist nicht immer gewiß, ob mit Zustimmung der Ungarn ist noch ungewisser! Immerhin gab es nach der Befreiung von den Türken sogleich eine heftige antiösterreichische, antihabsburgische Aufstandsbewegung in Ungarn.

Der Name Österreich ist der historische und geographische Name des Erzherzogtums mit der Hauptstadt Wien. Diese war allerdings die größte Stadt Deutschlands, Residenzstadt des Reichsoberhauptes, und war im 18. Jahrhundert die Weltstadt Mitteleuropas geworden. Den zentralistischen Verwaltungs- und Regierungstendenzen entsprechend wurde Wien immer wichtiger gegenüber den alten Landeshauptstädten. Wie notwendig in der Praxis aber die darüber hinausgehende gemeinsame »österreichische« Bezeichnung, der inoffizielle Staatsname, gewesen wäre, zeigt die Verlegenheit während des Interregnums zwischen dem Tode Kaiser Joseph I. im April und der Wahl seines Bruders Karl im Oktober 1712. Die sonst »kaiserliche« Hofkammer mußte sich umständlich »königlich spanisch-ungarisch-böhmische Hofkammer« nennen.

Man soll nicht einwenden, es hätte sich keine gemeinsame Bezeichnung finden lassen. Die unter der Krone der Stewarts verbundenen Königreiche England, Schottland und Wales erhielten im 17. Jahrhundert den Kunstnamen Großbritannien.

Es ist naheliegend, daß bei der Regelung von Rechtsverhältnissen immer die einzelnen Länder betroffen sind. Jedes Kronland hat seine eigene Rechtsgeschichte, sein eigenes Recht, beschloß im Landtag seine Gesetze. Wer von seinen Benützern, den heutigen Historikern, hat je beachtet, daß der berühmte Codex Austriacus, jene Gesetzessammlung von 1777, der jederzeit für die ganze österreichische Monarchie Maria Theresias herhalten muß, nur Nieder- und Oberösterreich betrifft!

Erst nach der Mitte des 18. Jahrhunderts werden Gesetze, etwa (1768) die Peinliche Gerichtsordnung erlassen, die unter »österreichisch« alle deutschen Erblande, also die österreichischen und böhmischen Reichslande einbeziehen. Ebenso trifft man das Adjektiv österreichisch bei der Darstellung der ganzen Macht und Ausdehnung des Hauses Österreich an. Alle Besitzungen in ganz Europa sind »österreichisch«! Österreichisch Schlesien, das österreichische Küstenland, die österreichischen Niederlande: das heißt dem Hause Österreich zugehörig! Auch Außenstehende haben bis zum 18. Jahrhundert unter Österreich immer das Land an der Donau verstanden.

Berichte von Reisenden befassen sich mit Österreich, mit Steiermark, mit Kärnten oder Krain genauso wie mit Ländern, die nicht habsburgisch waren, wie Salzburg oder Italien. Der Grenzstein an der Bundesstraße in Mönichkirchen weist südlich nach »Steyr« und nördlich nach »Österreich«.

Man sprach damals immer noch von den Völkern jedes einzelnen Kronlandes, man nannte diese sogar »Nationen«, meinte aber eigentlich Landsleute. Sie werden charakterisiert und typisiert als Österreicher, Steirer, Kärntner, Tiroler usw. Man sprach auch von »Staaten«, meinte aber immer nur Provinzen. Im übrigen sind auch die niederländischen Generalstaaten Provinzen gewesen und die Vereinigten Staaten von Nordamerika ebenfalls! So gab der große Botaniker am Hofe Kaiser Franz I., Stephan Nicolaus Joseph von Jacquin (1727–1817), seiner Flora Niederösterreichs nach dem Linnéschen System 1762 den Titel »Specimen Florae Austriacae«.

Man meinte mit »Österreich« entweder viel mehr (im dynastischen Sinn) oder weniger (im geographischen Sinn), nämlich nur Nieder- und Oberösterreich. Es ist also wichtig, daß es bis zum 19. Jahrhundert den Namen Österreich nicht für die Einheit jener Kronländer gab, die heute die Bundesländer unserer Republik sind (nicht zu vergessen, daß Salzburg bis zum Wiener Kongreß kein habsburgisches Kronland und das Burgenland der Westrand Ungarns war). Niemand sah vor dem frühen 19. Jahrhundert einen gemeinsamen Nationalcharakter, schon gar nicht eine gemeinsame Nation. Das sind romantische Begriffe. Ein Österreichbewußtsein unserer heutigen Mitbürger kann nicht von einem gemeinsamen Lebensgefühl oder der gleichen Lebensart der Völker Altösterreichs abgeleitet werden, nicht von ihren Lebens- oder Rechtsverhältnissen, nicht von irgendeinem gemeinsamen österreichischen Begriff, der über Ober- und Niederösterreich mit Wien hinausgegangen ist. Gemeinsam war eben nur die andere Österreichidee, die Zugehörigkeit zum regierenden Haus. Dessen Idee war religiös geprägt und dynastisch bestimmt, wie alles im Leben der Menschen bis zur Aufklärung.

Augenfällig macht dies die Rolle aller Künste. Durch ihren Zusammenschluß während eines längeren oder kürzeren Zeitraums und durch eine mehr oder weniger gemeinsame Geschichte in ihrer habsburgischen Epoche bildeten diese Völker einen »Kontinent« im eigentlichen Sinn, wurden zu einem Geisteskontinent, wie Friedrich Heer sagte, zu einem Kontinent der Kultur und als solcher zu einem Vorläufer eines gemeinsamen Europas, das ja auch nur Produkt eines gemeinsamen Geistes und einer gemeinsamen Kultur sein kann. Der »Österreicher« war nicht allein durch seine Zugehörigkeit zum Dominium des Hauses charakterisiert, sondern auch durch das Bewußtsein, dadurch zu einer großen Gemeinschaft zu zählen, zu einer Völkerfamilie zu gehören. Das Gemeinsame Altösterreichs war die katholische Welt Deutschlands, Italiens und Spaniens, die Welt des universellen Kaisertums und dann des österreichisch-böhmischen Barocks. Daher wurde diese Kultur auch immer wieder als etwas Aufgezwungenes empfunden von denen, die das Trennende suchten. Diese konnten in Böhmen ebenso beheimatet sein wie in Oberösterreich.

Dieses Trennende war Betonung historischer Besonderheit, politischer Rechte, Besinnung auf landständische Eigenwerte, also provinzieller Patriotismus, schließlich Nationalismus, auch konfessioneller Prägung. Aus all diesen Quellen wurde im 19. Jahrhundert als Gegenbewegung gegen den universellen Staat ein historisch und moralisch begründeter Machtanspruch einzelner Völker abgeleitet, der zum Nationalstaat führte: Machtanspruch der Ungarn über Kroaten oder Slowaken, jener der Deutschen über Tschechen oder Italiener, jener der Polen über Ruthenen bzw. Juden. Gab es darüber hinaus aber doch eine Identität der Österreicher, so war sie nicht politisch-patriotisch, sondern kulturell. Die gemeinsame Kultur aber war die des Hauses Österreichs. Sie faßte viele heterogene Kräfte zusammen zu einer ideellen Größe, zu einer »gedachten Ordnung«. Nach außen brachte diese Ordnung eine handlungsfähige Einheit, nach innen eine kulturelle Bezugsebene. Die habsburgische Kultur war trotzdem die einer politischen Macht, aber einer übernationalen; eine europäische Dynastie, wohl aus dem Alpen- und Donauraum kommend, aber über Westeuropa und das westliche Mittelmeer zu einer weltbeherrschenden europäischen Macht aufsteigend. In diesem Reich schien die Sonne auf so viele Völker, daß niemand sie alle nennen konnte, sie sprachen so viele Sprachen, daß niemand sie alle sprechen konnte, kaum konnten sie sich auf einen gemeinsamen Gott einigen, geschweige denn ihn in gemeinsamen Worten anbeten und ihn in gemeinsamen Festen verehren.

Fast alle diese Völker waren aber aus staatspolitischen Gründen einem Oberhaupt zugeordnet, das Kaiser genannt wurde, das aber in jedem Land die Völker mit einem anderen historischen und aktuell gültigen Titel regierte, als König, Großherzog, Herzog, Markgraf, Graf oder Herr. Instinktiv hat man

1804 bei der Schaffung des Kaisertums Österreich die Idee eines Kaiserreiches verworfen und nach kurzem Zögern doch alle historischen Titel und somit Verfassungen beibehalten.

Seit dem ausgehenden 18. Jahrhundert kommt in diesem Zusammenhang der Historienmalerei als Trägerin politischer Botschaften eine eminent wichtige Rolle zu. Ihre Wurzeln liegen in der Barockzeit, in den allegorischen Programmen, die meist in der Apotheose des Fürsten kulminierten. Mit dem Aufkommen romantischen Denkens werden auch Ereignisse der Gegenwart oder der Vergangenheit zum konkreten Bildgegenstand, aber auch vorbildliche Figuren aus Literatur und Mythologie. Maria Theresia war da in auffälliger Weise ihrer Zeit voraus, wenn sie die aktuellen politischen und familiären Ereignisse ihrer Zeit in Gemälden festhalten ließ, die ob ihrer Größe und ihres Detailreichtums gepriesen wurden. Ausschlaggebend für die Bedeutung dieser Bildgattung war weniger die künstlerische Form, als vielmehr die Vermittlung des Inhaltes. Die Entstehung dieser österreichischen Historienmalerei liegt in dem Wunsch nach Stabilisierung der eigenen Identität begründet. Bedingt durch die napoleonischen Kriege löste Kaiser Franz II. 1806 das Heilige Römische Reich auf, um ab nun als Franz I. das zwei Jahre zuvor gegründete österreichische Kaiserreich zu regieren.

Zur Förderung des patriotischen Selbstbewußtseins bedurfte es des geistigen Fundaments einer eigenen Staatsgeschichte. Da es aufgrund der unterschiedlichen historischen Entwicklung innerhalb des Vielvölkerstaates Österreich undenkbar war, an eine gemeinsame nationale Grundstimmung zu appellieren, wandte man sich der Vergangenheit des Herrscherhauses zu, statt »National« – wurde »Familien-Geschichte« betrieben. Der Hofhistoriograph Joseph Hormayr von Hortenburg rief zur »Vaterlandsliebe« auf und gab, unterstützt von einer Gruppe von Gleichgesinnten, zahlreiche Publikationen dazu heraus. Die Schilderungen der wichtigsten Ereignisse aus der Geschichte des Hauses Österreich von seinen Anfängen bis zur jüngeren Vergangenheit dienten auch der Historienmalerei als Vorlage. Mit Vorliebe wurden das Leben und die Taten König Rudolfs von Habsburg und Kaiser Maximilians I. geschildert. Zeitgenössisches war seltener Thema, mit Ausnahme der Begebenheiten, die sich um die Person Kaiser Franz I. rankten – um zu zeigen, wie sehr das Volk seinen Monarchen liebt. Die Auftraggeber, Kirche und Kaiserhaus, bedienten sich der Bildpropaganda, um Staats-Idee und Staats-Zugehörigkeit zu wecken und zu festigen. Einen letzten Höhepunkt der österreichischen Historienmalerei stellt die Fresken-Ausstattung des k. k. Waffenmuseums in Wien (heute Heeresgeschichtliches Museum) und der beiden Hofmuseen dar. Durch ihre künstlerische Ausstattung werden diese drei großen kaiserlichen Museen zu den eigentlichen »Nationalmuseen« unseres Landes. Historische Ereignisse, Kriegsglück und Friedensschluß in dem einen, Erforschung der Kunst und des Altertums, der Natur und der Erde in den beiden anderen, sind die Themen dieser Malerei. Sie ist ruhmredig und pathetisch, sie nennt aber nicht nur Herrscher und Feldherren, sondern auch Baumeister und Bildhauer, Maler und Kunsthandwerker, Waffenschmiede und Schiffsbauer, Abenteurer und Entdeckungsreisende und die großen Zoologen, Botaniker und Mineralogen. Alle waren sie Österreicher im weitesten Sinn, im Dienst des Hauses haben sie unserem Lande Ruhm und Anerkennung gebracht und unseren Reichtum an Kunstwerken, Zeugnissen der Kultur aller Völker und Epochen und Wundern der Natur in kaum vergleichbarem Ausmaß begründet.

So wird ein Teil unseres Österreichertums auf diese Traditionen zurückgeführt, auch wenn wir es nicht wissen. Österreichische Identität ist kulturelle Identität mit der Vergangenheit, das ist aber ein Lebensprozeß. Es gibt kein österreichisches Sein, es gibt nur ein österreichisches Wollen. Wie prägend die kulturellen Traditionen noch immer sind, läßt sich an dem täglichen Sturmlaufen gegen sie erkennen. Man kann Zustimmung und Ablehnung dieser österreichischen Tradition messen am öffentlichen Verhältnis zur Kunst und der Kunstbeurteilung dieser Perioden. Es geht da z. B. um das lebendige Verhältnis zur historischen Architektur, zum Theater und zur Musik, die in dieser Architektur gespielt und gehört wurde, zur bildenden Kunst, die an dieser Architektur mitgestaltend wirkte, zu den einzigartigen Schöpfungen der Bildhauerei, der Malerei, der Buchkunst, Kunst des Geistes und der Phantasie, die mit Leidenschaft gesammelt in dieser Architektur bewahrt, gepflegt und bewundert wurden. Im übrigen ist fast all dies zur höheren Ehre Gottes und des Herrschers seiner Gnade geschehen und geschaffen worden. Seit der Mitte des 18. Jahrhunderts etwa glaubte man hingegen, daß dies alles Objekte für Wissenschaft und Pädagogik seien – seither gibt es Museen.

Die Suche nach Identität, nach einer Übereinstimmung mit der Geschichte, um auch ein historisches Staatsbewußtsein zu gewinnen, läßt sich durch die Beleuchtung einiger Persönlichkeiten des Hauses Österreich unterstreichen, deren Mäzenatentum, deren Rolle als Bauherr, als Sammler oder als Förderer der Natur- und Geisteswissenschaften in ihrer Zeit von außergewöhnlicher Bedeutung war und bis in unsere Tage prägend auf das gewirkt hat, was das kulturelle Ansehen unseres Landes ausmacht, jedenfalls in den Augen des Auslands. Diesem Land wäre nur Gutes getan, wenn die Abneigung oder Scheu so vieler Österreicher, das künstlerische, das kulturelle Erbe bewußt anzutreten, überwunden werden könnte.

Als Kaiser Friedrich III. die im privilegium maius zusammengefaßten echten und gefälschten Privilegien seines Großonkels Rudolf des Stifters zum Reichsgesetz erhob und ihnen damit unangreifliche Gültigkeit verlieh, hat er dadurch aus dem Hause Österreich das Erzhaus gemacht. Titel von Herrschern und Herrschaften sind nicht Schall und Rauch, sie können eine Lebensgeschichte verändern, können Geschichte machen. Wir sind die Erben der Erzherzogtümer. In Klosterneuburg liegt ein Erzherzogshut bei der Schädelreliquie des heiligen Landespatrons Leopold, und unser letzter Kaiser wurde von seinen Schulkollegen im Schottengymnasium »Erzkarl« genannt.

Friedrich III. hat mit dieser rechtlichen Regelung Wichtiges für die Zukunft getan, obwohl er sonst kein neuzeitlicher Mensch war. Daher war er auch kein Sammler, sondern häufte als mittelalterlicher Fürst Schätze an, nicht nur Gold und Edelsteine, sondern auch Schätze des Geistes, nämlich Bücher und Handschriften. Die Nationalbibliothek bewahrt sie heute. Viele von ihnen tragen AEIOU als jenen Eigentumsvermerk, der von anderen auch als Devise des Kaisers angesehen wurde, aber wohl nicht von ihm. Daß diesen Vokalen eine hundertfältige Bedeutung gegeben wurde, in mehreren Sprachen noch dazu, und mehrere erst in unserem Jahrhundert, ist echt österreichisch. Mit seinem Sohn, dem unvergleichlichen Maximilian, verbinden uns viele Ströme der Geistes- und Kulturgeschichte. Max berief große Tonkünstler an seinen oftmals ambulanten Hof und begründete eine deutsch-burgundische Musikkultur sowie die Tradition der Hofmusikkapelle, die in veränderter Erscheinungsform an ihrem heutigen Standort, der Burgkapelle in Wien, nun schon jahrhundertelang wirkt. Für uns Österreicher ist das Bewußtsein, in einem Land mit herrlichen Gebirgszügen und ausgedehnten Wäldern zu leben, von großer sentimentaler Bedeutung. Die Liebe zur Landschaft ist in ganz Europa mit der Romantik gekommen, nur Österreich hatte schon im Jäger Maximilian einen Liebhaber der Gebirge und der Landschaften, und wegen seiner Sorge um die vom Holz abhängigen Wirtschaftszweige, die Eisenwerke und die Salzgewinnung, ist er auch der »erste« Forstmann unseres Landes gewesen. Maximilian hat der Kunst seiner Zeit eine hohe Bedeutung beigemessen. Er hat sie einbezogen in sein persönliches Leben, sein politisches Streben. Daß Wien die größte Sammlung von Werken Dürers besitzt, ist nicht Maximilians Eifer als Sammler zu verdanken, sondern einer Tradition des Hauses Österreich, die an ihn anknüpft. Weil Dürer Hofmaler, ja Freund Maximilians war, wurden seine Werke von den Sammlern der nächsten Generation erworben, von Erzherzog Ferdinand (II.) in Tirol, von Kaiser Rudolph II. in Prag und später nochmals von Maria Theresias Tochter Erzherzogin Maria Christine und ihrem Mann, Herzog Albert zu Sachsen. Maximilian war kein Sammler im eigentlichen Sinn, erst seine humorvolle und gebildete Tochter Margarete war dann eine moderne Sammlerin, die erste des Hauses Österreich und eine sehr bedeutende in ihrer Zeit, was wir dank der erhaltenen Inventare wissen. Nicht wegen der Gegenstände, diese blieben in Westeuropa, wo sie lebte und wirkte, doch der Geist und der Geschmack der Margarete von Österreich ist dort bis heute unvergessen, und sie wird von den tausenden Besuchern ihres Grabmals in Burgund als Botschafterin unseres Landes gewertet.

In einfachen Lebensverhältnissen wuchsen die Kinder König Ferdinands I. und der Königin Anna Jagiello, Prinzessin von Ungarn und Böhmen, in Innsbruck auf. Der mittlere der Söhne, nach seinem Vater benannt, wurde siebzehnjährig Statthalter im reichen Böhmen und fand dort sein Glück, Philippine Welser als Frau und ein materiell uneingeschränktes Betätigungsfeld als Sammler von Denkmälern der Geschichte, von Rüstungen der Helden seiner Zeit, von Kostbarkeiten aus der Natur und von der Hand kunstfertiger Menschen, sowie von Bildnissen aller Zelebritäten. Seine später nach Innsbruck übersiedelte und noch später in Schloß Ambras vermehrt und bereichert aufgestellte Sammlung steht am Anfang der musealen Tradition Österreichs. Dieses Werk eines Mannes ist fast unversehrt erhalten geblieben, weil Kaiser Rudolf II. die Ambraser Sammlung dem nicht ebenbürtigen Sohn, aber Erben Ferdinands, Karl von Burgau, abgekauft und sie zu einem dem Hause Österreich eigentümlichen Hausschatz gemacht hat, ohne sie örtlich mit der eigenen Kunstkammer zu vereinigen.

Es ist bekannt, daß Rudolfs II. vielgerühmte Sammlungen von Kunstwerken und Naturobjekten in Prag zustande kamen. So hoch jedes einzelne Objekt der

74

Prager Kunstkammer noch heute bewertet werden mag, als Sammlungsstück etwa des Kunsthistorischen Museums in Wien, so ist die Faszination, die der geheimnisumhüllte Einsiedler auf dem Hradschin bis heute ausübt, noch merkwürdiger. Wir verdanken ihm neben vielen anderen Zimelien in der Hofbibliothek, in der Schatzkammer und im Kunsthistorischen Museum die Gemälde Bruegels. Die Welt verdankt sie ihm! Das dürfen wir sagen, weil in einem Künstlerlexikon der Zeit um 1600 über Bruegel nur ein sehr kurzer Text zu lesen steht – der Maler war 30 Jahre nach seinem Tod gerade völlig außer Mode –, aber diesem Nichts an Information noch ein Satz angefügt wird: »Ihn sammelt der Kaiser.« So verdanken wir ihm einen der großen Schätze des Hauses Österreich: die Bruegels. Rudolf II. besaß 3000 Gemälde und ... 3000 Pferde. Schon sein Onkel Karl von Steyr hatte das Gestüt im Karst oberhalb von Triest gegründet, dessen spanisch-neapolitanische Pferde als Lipizzaner nicht belächelt werden sollen, weil sie eine Touristenattraktion sind. Es muß gesagt werden, die hohe Schule der Reiterei ist ein kultureller Wert, der nicht zufällig in Wien bis heute gepflegt wird. Die spanische Reitschule hat jahrhundertelang nur für den Kaiser existiert, unter Ausschluß irgendeiner Öffentlichkeit agiert und wurde als Eigentümlichkeit des Hauses Österreich erhalten. Gerade zu ihr hat sich – nach heftigen Konvulsionen freilich – die Republik Deutsch-Österreich bekannt und 1919/20 völlig unpopuläre Maßnahmen ergriffen, wenigstens einen Rest der weißen Pferde zu retten.

In jeder großen Gemäldegalerie der Welt gibt es Blöcke von ein paar Dutzend Meisterwerken, die einem großen Sammler zu verdanken sind. Diese lebten meist im 18. oder 19. Jahrhundert, waren Fürsten, Gelehrte, Bankiers oder Stahlbarone. Nur in der Wiener Galerie besteht ein Viertel des ausgestellten Primärbestandes aus Gemälden der Galerie Erzherzogs Leopold Wilhelm aus der Mitte des 17. Jahrhunderts. Eine Tradition, die keine andere Galerie, ein Sammler, wie ihn kein anderes Herrscherhaus vorzuweisen hat. Leopold Wilhelm, jüngerer Bruder Kaiser Ferdinands III., Bischof und Hochmeister des Deutschen Ordens, sammelte als Statthalter der spanischen Niederlande in Brüssel. Als er das Amt zurücklegte, kehrte er nach Wien zurück. Seine Sammlung wurde in der Stallburg aufgestellt. An diesem Platz wuchs die Galerie weiter, dank des Mäzenatentums der Kaiser Leopold, Joseph und schließlich Karls VI., der sie um 1730 neu aufstellen ließ als ein barockes Gesamtkunstwerk. Es war damals die größte Galerie der Welt.

Die drei genannten Habsburger und vor ihnen noch Ferdinand III. waren auch Musiker. Von den großen Festen des Musiktheaters, die sie veranstalten ließen, mitgestalteten, an denen sie auch aktiv beteiligt waren, berichten nur mehr Kupferstiche und Bücher. Aber diese neuerliche Blüte der Musik in Wien sollte nicht unterschätzt werden. Nach der deutsch-niederländischen unter Maximilian die italienische der barocken Herrscher bis weit ins 18. Jahrhundert! Neben sie trat die vom Hof losgelöste, aber der Tradition verpflichtete Musikpflege der aristokratischen Höfe in Wien, Ungarn und Böhmen. Aus ihnen erwuchs in Gleichklang und Gegensatz das Wunder der österreichischen Musik, nicht ganz zutreffend klassisch und nach Wien benannt. Sie gehört dank der aus habsburgischen Kronländern und aus anderen deutschen Landen Zugewanderten, zu Wienern gewordenen großen Komponisten zu den bedeutendsten kulturellen Schätzen, ja Trümpfen unseres Landes. Man könnte die Behauptung aufstellen, daß die Musik Glucks und Haydns, Mozarts, Beethovens und Schuberts, diese Musik der Haupt- und Residenzstadt Maria Theresias, Josephs II. und Franz II. fast die älteste, jedenfalls die bedeutendste und weithin anerkannte Ausdrucksform österreichischer Kultur ist, die wir als gemeinsames Erbe und Verpflichtung akzeptieren.

Älter ist nur die barocke Baukunst, aber sie wird trotz ihrer augenfälligen Schönheit nicht gleichermaßen geschätzt, viel weniger, als sie es verdient. Die Klosterbauten von Melk und Stams, der Salzburger Dom und die Karlskirche, das Belvedere und Schönbrunn: wir müßten aus diesen Touristenattraktionen endlich Attraktionen unseres Staatsbewußtseins machen! Dazu helfen könnte die Erkenntnis, daß diese Architektur – und nicht nur diese – von all den großen Geistern und Künstlern vor uns bewundert wurde, sie prägte und formte. Bildung ist das Ergebnis eines Lebens mit Geist und Kunst der eigenen Vergangenheit. Unsere heimatlosen Zeitgenossen wollen immer wieder von neuem beginnen, statt das Vorhandene, uns Vererbte, Geschenkte fortzusetzen, darauf aufzubauen.

Weitblickende Stiftungen wie das Steiermärkische Joanneum waren vor fast 200 Jahren dem Menschen, seinen Tätigkeiten und kulturellen Bestrebungen gewidmet. Aus kleinen Anfängen erwuchsen das vielfältige, universelle Landesmuseum, die Landesbibliothek, die Montanistische Hochschule und ein modernes Forschungszentrum, eine Art Landesakademie. So verbindet ein sehr großer Prozentsatz der Steyrer ihr Landesbewußtsein mit der Stiftung Erzherzog Jo-

hanns, mit seiner Person, einem Menschen von uner-
hörter Kultur der Wachsamkeit und Geduld, des Se-
hens und Hörens, des Gehorsams und der Treue. Das
Haus Österreich, dem der steirische (und tirolische)
Prinz angehörte, hat immer wieder Persönlichkeiten
hervorgebracht, die vorbildliche Wirkung hatten. Das
war manchmal schlecht für die Entwicklung des Einzelnen, aber es war immer positiv für das Staatsbewußtsein. Man wußte, zu wem man gehörte, und
fühlte sich für das Gemeinsame mitverantwortlich.
Würde unsere Zeit Erbe und Verpflichtung nicht raun-
zend bejammern, sondern freudig bejahen, so hätten
wir bereits ein gemeinsames Staatsbewußtsein.

Christoph Donin: Vorarlberg und Salzburg

Theophil Antonicek

Die Bedeutung der österreichischen Herrscher für die Musikgeschichte

B is ins 18. Jahrhundert hatte die Musik einen festen Platz im höfischen und damit maßgeblichen gesellschaftlichen Bereich. Ihr Standort war die geistliche Hofkapelle, ihre Hauptaufgabe blieb – auch wenn andere Gebiete, etwa das Theater, quantitativ weit überwogen – das Gotteslob im Rahmen der liturgischen Handlungen. Das Vorhandensein einer Hofmusikkapelle ist daher eine Selbstverständlichkeit und für sich kein Anzeichen einer besonderen Vorliebe des Herrschers oder der regierenden Institution für die Musik. Auch unmusikalische Regenten brauchten eine Hofmusik.

Bei den österreichischen Herrschern und ihren Familienangehörigen hat sich die Musik allerdings fast durchwegs großer Liebe und Gunst erfreut, und es gibt darüber hinaus eine ganze Anzahl von ihnen, die selbst musiziert oder sogar komponiert haben. Die erste Persönlichkeit, die als besonderer Musikfreund hervortrat, war Kaiser Maximilian I. Er ist zwar nicht, wie immer wieder verbreitet und geglaubt wird, der Begründer der kaiserlichen Hofmusikkapelle. Bereits sein Onkel, Kaiser Albrecht II., hatte von seinem Vorgänger und Schwiegervater Sigismund von Luxemburg dessen kaiserliche Kantorei übernommen, die nach seinem frühen Tod auf seinen Bruder Friedrich III., Maximilians Vater, überging. Maximilian, dem die Musik sehr am Herzen lag, hat ihr besondere Aufmerksamkeit zugewendet (er beabsichtigte sogar, seinen Büchern über Jagd und Fischfang ein »Musica-Puech« an die Seite zu stellen). Das Datum der angeblichen Gründung der Hofmusikkapelle, 1498, ist in Wirklichkeit das einer gründlichen Reorganisation des Klangkörpers, als deren Vollzugsort der Kaiser Wien bestimmte. Vorher hatte er zeitweise sogar zwei Ensembles im Dienst, eine burgundische und eine niederdeutsche Kapelle, deren erstere er 1496 seinem Sohn Philipp dem Schönen abtrat. Zudem hatte er beim Antritt der Tiroler Herrschaft von seinem Onkel Herzog Siegmund dessen Musiker, darunter den als Organisten und Komponisten hochberühmten Paul Hofhaimer, übernommen. Im Jahr der Neugestaltung der Kapelle hatte er mit Heinrich Isaac einen weiteren führenden Meister seiner Zeit für seinen Dienst gewonnen; dessen Nachfolger als Hofkomponist wurde der nicht minder bedeutende Ludwig Senfl.

Maximilians Nachfolger im 16. Jahrhundert ließen sich die Musik ebenfalls angelegen sein und verpflichteten Persönlichkeiten von internationalem Rang für ihren Hofstaat, welche die Hofmusikkapelle zu einem Mittelpunkt der europäischen Musik machten. Ob dem auch immer eine echte persönliche Neigung entsprach, ist aufgrund der Quellen schwer zu entscheiden. Unleugbare Begabung und Liebe für die Musik brachte, wie schon im Falle Maximilians, wieder eine steirische Linie zum Tragen. Ferdinand II. wurde von den Musikern seiner Zeit als einer ihrer großen Förderer gepriesen, 1615 wurde ihm sogar mit einem in Venedig erschienenen Sammelwerk Parnassus Musicus Ferdinandeus gehuldigt, für welches hervorragende Komponisten, unter ihnen Claudio Monteverdi, musikalische Beiträge beisteuerten. Ferdinands

Vater Karl II. hatte als Regent der innerösterreichischen Lande mit Residenz in Graz neben der traditionellen Kunst der »niederländischen« Meister der damals neuen, aus Italien kommenden Musik an seinem Hof Eingang verschafft. Die letztere dominierte seit dem Regierungsantritt Ferdinands II. und sollte ihre Bedeutung bis in die Zeit des letzten italienischen Hofkapellmeisters Antonio Salieri nicht verlieren. Ob Ferdinand selbst musikalisch ausgebildet war und musizierte, wissen wir nicht. Hingegen ließ er seine Kinder von erstklassigen Kräften seiner Hofmusik unterrichten. Mit seinem Sohn Ferdinand III. beginnt die Serie der komponierenden Kaiser. Leopold I. hat das umfangreichste, Joseph I. ein kleines, aber bemerkenswertes Oeuvre hinterlassen. Karl VI. hat – vielleicht mit gelegentlichen Ausnahmen – nicht komponiert, war aber ein ausgezeichneter ausübender Musiker, der auch Opernaufführungen leitete.

Die Epoche des Barocks ist daher ein goldenes Zeitalter der Musik am Wiener Hof und vermöge dessen dominierender Stellung und Ausstrahlung im Gesamtbereich der Monarchie. Friedrich Wilhelm Riedel nimmt im Anschluß an Hans Sedlmayer den durch das Vorbild des Kaiserhofes geprägten, bis weit über die Grenzen der habsburgischen Länder und in alle Gesellschaftsschichten wirkenden »Reichsstil« auch für die Musik in Anspruch. Als ein bestimmendes Kennzeichen der am Kaiserhof geschätzten Musik kann man das bezeichnen, was man im späten 18. Jahrhundert als die Verbindung von »gelehrtem« und »galantem« Stil bezeichnete, das heißt das Ineinanderwirken von profundem handwerklichem Können, angefangen von den Regeln der kontrapunktischen Satzkunst bis

82

zur Beherrschung der Lehre vom Ausdruck der »Affekte«, und Ohr und Sinn unmittelbar ansprechende Grazie der äußeren Erscheinung. Die Kaiser der Barockzeit verstanden sich wohl auf diese Kunst, und briefliche Äußerungen zeigen, daß sie musikalische Leistungen, etwa neu zu engagierender Künstler, ebenso kritisch wie sachkundig zu beurteilen wußten.

Es ist für das Verständnis der Musik des feudalen Zeitalters wesentlich, daß sie als Bestandteil des höfischen Lebens wie dieses insgesamt den Gesetzen des Zeremoniells unterworfen war. Noch die intimsten Handlungen wie Geburt, Hochzeit und Tod wurden in das Netzwerk festgelegter Regeln des Verhaltens einbezogen, jener universellen Ordnung, in der auch scheinbar Widersprechendes – etwa die Ausgelassenheit der Texte von Faschingsopern, in denen (wie ja auch in den ebenso vorgesehenen Fastenpredigten der Mendikantenmönche) durchaus auch dem Hof ein Spiegel seiner Eitelkeiten vorgehalten werden konnte – seinen vorgesehenen Platz hatte. Wie die Etikette die Art des Verhaltens, Kleidung, Sprache, Rangabstufungen bestimmte, so hatten auch die Künste dem jeweiligen Anlaß angemessen zu sein, die Musik von der Art ihrer Komposition wie von der ihrer Darbietung her. Wie in Ordensregeln bis heute auch die Rekreation ihren festen Platz hat, so erlaubte das Zeremoniell durchaus, sich an Musik zu erfreuen und sie auszuüben. Briefe der Habsburgerfamilie zeigen, freilich meist nur in kurzen Schlaglichtern, daß das Musizieren mit den Hofkapellisten zu den täglichen Gewohnheiten gehörte, Mitteilungen über persönliche Angelegenheiten der Musiker weisen auf einen verhältnismäßig vertraulichen Kontakt mit diesen hin.

Die Werke der drei kaiserlichen Komponisten zeigen durchaus musikalisches Können und Inspiration und können sich neben jenen ihrer professionellen Untergebenen sehen lassen. Zunächst war dabei offensichtlich der Einfluß eines Mannes wichtig, der im allgemeinen nicht so sehr für seine Leistungen auf dem musikalischen Gebiet, sondern als einer der letzten Universalgelehrten bekannt ist: der Jesuit Athanasius Kircher. Er entwickelte, um den Missionaren in allen Ländern ein Mittel für den von den Jesuiten bewußt praktizierten Einsatz der Musik zur Gewinnung der Herzen an die Hand zu geben, ein System, mit dem *»jedermann, möge er noch so unerfahren in der Musik sein, innerhalb kürzester Zeit und ohne Mühe erreichen könne, was die praktischen Komponisten kaum in vielen Jahren erreichen«*, ein Anspruch, der ihm nicht gerade den Beifall der Musiker eintrug. Er vermochte aber doch, mit strickmusterartigen Komponierrezepten eine brauchbare Grundlage zur Verfertigung von Musikstücken zu liefern. Die daraus resultierende wabenartige Struktur ist ein hervorstechendes Merkmal der Kompositionen Ferdinands III. und der Jugendwerke Kaiser Leopolds. Folgerichtig wurde ein Madrigal Ferdinands, das dieser Kircher übersandt hatte (was wohl einer Widmung gleichzusetzen ist, die aus gesellschaftlichen Gründen nicht möglich war), als Beispiel einer Komposition hochstehender Persönlichkeiten in dessen Musurgia universalis (1650, sie ist dem für die Musikpflege der Habsburger gleichfalls bedeutenden Erzherzog Leopold Wilhelm von Österreich gewidmet) aufgenommen. Leopold hat sich in seinem späteren Schaffen von den Prinzipien Kirchers emanzipiert und zu freieren Gestaltungsweisen mit weiteren Melodiebögen und größer angelegten Formen gefunden. Musik war ihm, wie Trauerkompositionen auf den Tod seiner beiden ersten Frauen zeigen, ein legitimes Mittel, seine Empfindungen zum Ausdruck zu bringen. Joseph I., wie in allem, so offensichtlich auch in der Musik von seinen raschen Leidenschaften bestimmt, hat wenige Werke hinterlassen, unter ihnen aber beispielsweise mit seinem Regina coeli die heute wohl bekannteste »Kaiserkomposition«. Unter Karl VI. erzielte das Personal der Hofmusikkapelle seinen höchsten je erreichten Stand. Die Musik, die Künste mögen für ihn ein wesentliches Medium jener künstlich hochgehaltenen Traumwelt von Kaisertum und Weltherrschaft gewesen sein, die angesichts der realen Mißerfolge seiner letzten Regierungsjahre immer mehr den Boden der Wirklichkeit verlor.

So gesehen war es nur folgerichtig, daß Maria Theresia diesen Kosmos der Illusion radikal zum Einsturz brachte. Längst hatte ein neues, aufklärerisches Denken Raum gewonnen, das nach dem Tod des letzten Habsburgers zum Durchbruch kam. Der feudale Gedanke der Repräsentation verschwand und damit verloren die Künste ihre jahrhundertelang innegehabte Stellung im dynastischen Leben. Musik, von der Königin selbst geliebt und als Sängerin virtuos ausgeübt, fiel auf die Rolle eines schönen, aber im Hinblick auf die Aufgaben des Herrschers und seines Staates im Grunde unnützen Zeitvertreibes zurück. Die Hofmusikkapelle wurde aus dem persönlichen Umkreis des Herrschers faktisch ausgegliedert, ihre organisatorischen Belange dem dafür mit einer unzureichenden Subvention ausgestatteten Kapellmeister überlassen, der dafür zu sorgen hatte, daß die Musik ihre verbliebenen Pflichten angemessen erfülle. Joseph II., der die

Musik wie seine Mutter liebte und ausübte (Maria Theresia hatte für den Musikunterricht ihrer Kinder gesorgt), dachte, ebenfalls im aufklärerischen Geiste mit dem Maß der Nützlichkeit für den Staat im Auge, sogar an die Auflösung der Hofmusikkapelle. Es gelang jedoch dem Kapellmeister Florian Gaßmann, eine Reorganisation durchzusetzen, die eine Reduktion auf Kirchenmusik und Konzerte für den Hof brachte, die bis zum Ende der Monarchie aufrecht blieb.

Von den späteren Kaisern und ihren Familienangehörigen haben zwar manche die Musik geliebt, wirklich bestimmenden Einfluß auf ihre Geschicke haben sie aber nicht mehr genommen. Das Streichquartettspiel gehörte zu den von Charles Sealsfield verspotteten Liebhabereien von Kaiser Franz I., der auch eine nicht unbedeutende Musiksammlung besaß und gelegentlich auf das Programm der Kirchenmusik in der Hofkapelle Einfluß nahm. Unter Franz Joseph wurde zwar durch dessen Obersthofmeister Constantin Prinz zu Hohenlohe in Verbindung mit Johann Herbeck ein Versuch gemacht, die Hofmusikkapelle wieder zu neuem Glanz zu bringen (in diesem Zusammenhang erfolgte die Berufung Anton Bruckners als Hoforganist), doch geschah dies bestenfalls mit Einwilligung des Kaisers, dessen künstlerische Ambitionen sich in äußerst knappen Grenzen hielten.

Die Hofmusikkapelle überlebte, wenn auch unter schwierigsten Umständen, das Ende der Monarchie. Sie blickt heute auf eine jahrhundertelange, wechselvolle Geschichte zurück, deren Anfänge nicht greifbar sind. Markante Daten bilden die erwähnte Übernahme der kaiserlichen Kantorei durch Albrecht II. 1438 und die Neuorganisation der damals bereits »Kapelle« genannten Institution im Jahre 1498. Der fünfhundertsten Wiederkehr dieses maßgeblichen Ereignisses wird 1998 von der Hofmusikkapelle mit Recht gedacht und in diesem Rahmen Anlaß gefunden werden, die Bedeutung der österreichischen Herrscher für die Musikgeschichte zu würdigen.

Norbert Leser

Österreich auf dem Weg zur Nation – 1922 bis heute

Einleitend sind einige grundsätzliche Bemerkungen zur Fest- und Feierkultur überhaupt zu machen. Millennien sind Daten, die einer bestimmten Periodisierung entstammen, die keineswegs selbstverständlich sind, sondern die eine historische Wurzel, einen historischen Ursprung haben. Verfolgt man diesen, so ist festzustellen, daß es ein Spezifikum der christlich-jüdischen, der jüdisch-christlichen Tradition ist, daß markante Daten gefeiert werden; es werden Dinge, die in der Vergangenheit sich abgespielt haben, vergegenwärtigt. Nach katholischer Auffassung ist z. B. jede Meßfeier nicht nur eine Erinnerungsfeier, eine Gedächtnisfeier, sondern eine Vergegenwärtigung eines historischen Ereignisses. Das ist das theologische Muster, nach dem sich alle Gedächtnisfeiern richten. In jedem Land gibt es solche Anknüpfungspunkte. So löste die letzte Reise des Heiligen Vaters in Frankreich viele Kontroversen aus, in deren Verlauf er die Taufe Chlodwigs vor 1500 Jahren als die Geburtsurkunde oder als den Taufakt Frankreichs bezeichnet und die Frage gestellt hat, die man auch auf Österreich abwandeln könnte: »Was, älteste Tochter der Kirche, hast du mir diesem Taufversprechen gemacht?« Aber gerade die Umstrittenheit der Taufe Chlodwigs in der Tradition Frankreichs zeigt, daß solche historischen Ereignisse gleichzeitig auch Anknüpfungspunkte sind, die eine historische Orientierung erlauben. So war es kein Zufall, daß der Papst in diesem 300jährigen Ju-

Christoph Donin: Burgenland

89

biläumsjahr der Abwehr der Türkenbelagerung in Wien, Österreich besuchte. Aus diesen wenigen Beispielen kann man schon ersehen, daß die Geschichte lebt, nicht bloß tot ist. Die Frage ist, wie man sich Geschichte aneignet, unter welchen Auspizien. Dabei besteht immer die Gefahr der Mythologisierung und Ideologisierung, aber auch des Gegenteiligen – des kollektiven Vergessens und Verdrängens – man will von seiner eigenen Tradition nichts wissen. Demgegenüber muß man mit dem Goethe-Wort antworten: »Was Du ererbt von deinen Vätern hast, erwirb es, um es zu besitzen.«

Man kann nicht sich selbst verstehen, man kann nicht seine Zielrichtung in die Zukunft verstehen, wenn man nicht die eigene Vergangenheit versteht. Solche Gedenktage und Jubiläen sind ein Anlaß, darüber nachzudenken. 1992 wurde die 500-Jahr-Feier der Entdeckung Amerikas begangen. Im Zusammenhang damit stand die Frage der Neu-Evangelisierung. War diese Mission nur ein Raubzug der Kolonisation, oder war sie nicht auch ein großartiges christliches Zeugnis, oder beides in einem? So wie auch die Kreuzzüge, die ursprünglich aus durchaus ideellen Motiven entstanden und dann einfach entartet sind. Ist nicht die ganze menschliche Geschichte von einem solchen Ineinander des Heiligen und des Profanen, des Göttlichen und des Allzu-Menschlichen verbunden? Hier ist die Besinnung auf die Ursprünge der Geschichte etwas, was für jedes Land von großer Wichtigkeit ist. In dieser Beziehung stehen wir auch als Christen in der Schuld der Juden und des Alten Testamentes. Die angeführten Beispiele zeigen, daß dieses Bedürfnis, auch innerhalb der Zeit das Ewige zu vergegenwärtigen, schon sehr weit zurückgeht. Letzten Endes ist die ganze jüdisch-christliche Tradition eine ständige Vergegenwärtigung historischer Ereignisse, die einmal stattgefunden haben. Das Passah-Fest, das Osterfest usw. sind Feste, die uns selbstverständlich und geläufig sind, die aber keineswegs in allen Kulturen zu finden sind, sondern die mit der spezifischen Auffassung zusammenhängen, daß es eine Ewigkeit gibt, einen Herrn der Ewigkeit, eine Heilsgeschichte. Der Mensch steht in der Geschichte und in der Zeit, ist im gewissen Sinne ihr Gefangener, aber gleichzeitig steht, wie der große Historiker Leopold von Ranke gesagt hat, jede Epoche unmittelbar zu Gott und jeder einzelne Mensch auch. Die Einordnung in die historische Tradition ist notwendig, um unsere Gegenwart von der Vergangenheit abzugrenzen und in die Zukunft zu verlängern und auch den Blick auf die Ewigkeit zu werfen, obwohl es uns nicht zusteht, das Urteil sub specie aeternitatis vorwegzunehmen. Aber wir sollten so handeln, daß wir dereinst sub specie mit unseren Bemühungen Bestand haben.

Diese Gedenkfeiern sind Feiern, an denen gedacht wird im doppelten Sinn des Wortes. Es wird dieser Ereignisse gedacht und es wird nachgedacht. Sie sind auch eine Anregung für die kritische Forschung, eine Bilanz zu ziehen. Es gibt so etwas, wie eine Verwaltung eines kollektiven Gedächtnisses, wobei wir uns nicht dem Zwang der runden Zahlen allein beugen, sondern eben auch diese Anlässe benützen, um uns mit unserer eigenen Vergangenheit in Verbindung zu setzen, so wie auch im Leben des einzelnen eben gewisse grundlegende Erfahrungen dramatischer oder glücklicher Natur für die ganze Weichenstellung des Lebens entscheidend sind. Was für den Einzelnen gilt, gilt natürlich auch für die Generationen. Es gibt hier gewisse kollektive Weichenstellungen, an die wir uns erinnern und auf die wir uns besinnen müssen. Die christliche Religion hat in ganz einzigartiger Weise das, was einmal als der Memorialcharakter der christlichen Religion bezeichnet wurde. Es ist nicht nur ein memento mori, sondern auch eine ständige Erinnerung an die Geschichte, an die Vergangenheit, die aber gegenwärtig gesetzt wird und gegenwärtig bleibt. Der hl. Leopold ist gegenwärtig auch im Volksleben. In den Leopoldifeiern verbindet sich das Sakrale mit dem Profanen in organischer Weise. Manche Leute gehen nur zum Faßl-Rutschen, manche gehen vorher noch in die Kirche oder nachher. Das ist etwas, was in der Bevölkerung im Bewußtsein erhalten geblieben und gleichzeitig ein Beweis ist, daß die Macht nicht böse sein muß, wie Jacob Burckhardt, ein sehr pessimistischer Kulturphilosoph, gemeint hat: »Die Macht ist böse und macht alle, die ihr nahen, unglücklich.« Wenn man sich in Gegenwart und Vergangenheit umschaut, so findet man allzu viele Beispiele dafür, daß diese Feststellung Burckhardts tatsächlich stimmt. Aber es gibt erfreulicherweise Gegenbeispiele, sonst gäbe es keine kanonisierten Herrscher, wie z. B. Leopold oder Ludwig von Frankreich. In gewisser Weise sind die Christen auf heilige Zeiten fixiert, und sind auch dazu geneigt, unter Einfluß dieser heilsgeschichtlichen Schau profanen Festen, wie z. B. dem 1000-Jahr-Jubiläum, eine Bedeutung zu unterstellen bzw. sie als eine Besinnung zu betrachten. Es gibt nicht nur heilige Zeiten, es gibt auch heilige Stätten, heilige Orte, wie z. B. Rom und Jerusalem in ganz besonderer Weise für die Christenheit, aber auch Stift Klosterneuburg ist eine besondere Stätte der Besinnung und ein besonders geeigneter Rahmen für solche Überlegungen. Geschichtsbewußtsein im christlichen Sinne lebt von der Konfrontation mit der Vergangenheit, aber auch der Ewigkeit, und davon, wie sich in dieser Spannung erst die Vergegenwärtigung des Vergangenen tatsächlich vollzieht. Die Gefahr, die natürlich dabei besteht, ist, daß man einer Glorifizierung, einer Selbstbeweihräucherung zum Opfer fällt und nicht auch eine kritische Bilanz durchführt.

Im Falle Österreichs ist es nicht einfach, diese Identität irgendwie festzumachen. In anderen Ländern ist es relativ leicht. Wenn man z. B. Frankreich betrachtet, ist zwar die Französische Revolution nach wie vor umstritten im Bewußtsein der Franzosen, aber trotzdem feiern alle mehr oder weniger den 14. Juli, den Tag des Sturms auf die Bastille, zu einer Zeit, wo in der in der Bastille kaum noch Gefangene waren, was eben zeigt, daß in Wirklichkeit Geschichte sehr viel mit Mythos zu tun hat und manchmal Ereignisse, die an sich gar nicht so entscheidend sind, den Aufhänger für eine ganze Entwicklungsrichtung bieten. Oder der 4. Juli, die Unabhängigkeitserklärung in den Vereinigten Staaten. In Österreich haben wir einen solchen Tag bis zum heutigen Zeitpunkt eigentlich nicht wirklich gefunden.

In der Ersten Republik war Staatsgründungstag der 12. November, ein Tag, der nicht vereinigend, sondern trennend in der Bevölkerung gewirkt hat. Die einen haben in ihm einen schwarzen Tag gesehen – nicht nur, weil sie in weiterer Folge in der Inflation ihre Einkünfte und Ersparnisse verloren haben, sondern auch, weil es der Untergang einer großen Welt war. Das Schauspiel von Franz Theodor Csokor »3. November 1918« zeigt das Ende des alten Österreichs. Es sind einige Offiziere in den Karawanken beisammen. Sie erfahren vom Untergang des alten Österreich, und einer von diesen Offizieren ist so erschüttert, daß er Selbstmord begeht. Die anderen beerdigen ihn und werfen ihm Erde nach, es ist aber bereits die Erde jener Länder, die die Nachfolge des alten Österreichs antreten werden. Nur der jüdische Regimentsarzt Dr. Grün wirft ihm Erde aus Österreich nach, weil er gespürt hat, daß mit dem Verlust, mit dem Zusammenbruch der Monarchie die Juden in Europa ihre große Schutzmacht verloren und daher diesen Zusammenbruch vielleicht am stärksten als Katastrophe vorempfunden haben.

Auf der anderen Seite ist dieser 12. November 1918 von der Sozialdemokratie als der Tag einer großen Revolution angesehen worden, die sie gar nicht gemacht, in deren Schatten sie sich nur gestellt hat. Das ist ein Gründungsmythos, der von allem Anfang an schon diesen ganzen Staat mit einem schiefen Lichte bedenkt bzw. unter ein falsches Vorzeichen stellt. Diese österreichische Revolution hat in Wirklichkeit gar nicht stattgefunden, man hat nur von ihr gesprochen, es war zwar eine Revolution im Bewußtsein aller Beteiligten, jedoch ist bekanntlich entscheidend, was die Menschen erleben und nicht, was wirklich objektiv geschieht. Aber objektiv gesehen, war es eine sogar formelle Kontinuität. In diesem Zusammenhang sei eine kleine Anekdote erzählt, die den Vorzug hat, wahr zu sein: Renner erwartete am 12. November die Verzichtserklärung auf die Ausübung der Regierungsgeschäfte Kaiser Karls im Parlament, diese ließ jedoch auf sich warten. Renner ist ein um das andere Mal aufgeregt aus der Sitzung herausgekommen und hat gefragt, ob Lammasch noch nicht da war, und die Sekretärin sagt nein. Dann kommt er wieder heraus, geht auf den Gang, und da sitzt Lammasch mit der Urkunde in der Hand, mit dieser »Verzichtserklärung« Kaiser Karls. Da sagt der Renner vorwurfsvoll zu ihr: »Da sitzt doch der Lammasch!« Sie antwortete: »Ja, ich habe geglaubt, das ist ein alter Bittsteller, ich habe ihn in die Ecke gesetzt und gesagt, daß er warten soll.« Damals hat man die Politiker noch nicht so gut gekannt wie heute in der Zeit des Fernsehens, und speziell diese letzte österreichische Regierung war nur mehr eine Nachlaßverwalterin.

Aber diese Episode zeigt, daß es sich nicht so stark um eine Revolution gehandelt hat, als es im Bewußtsein der Beteiligten empfunden wurde. Die starke Betonung der Diskontinuität, hauptsächlich durch Kelsen, und die juristische Literatur zwischen dem alten und neuen Österreich, hängt damit zusammen, daß man nicht für die Schulden und Verbindlichkeiten des alten Staates aufkommen wollte und sich daher möglichst distanziert hat. Gleichzeitig aber hat man durch ein Überleitungsgesetz festgestellt, daß alle Gesetze und Verordnungen mit wenigen Ausnahmen, die in der Monarchie gegolten haben, weiter gelten, so wie das Bürgerliche Gesetzbuch. Das zeigt schon die zwiespältige Einstellung der Österreicher zu der eigenen Vergangenheit. Auf der einen Seite hat man sie empört und entsetzt von sich gewiesen, auf der anderen Seite hat man nichts anderes gehabt, auf das man sich im Alltag, auch im Rechtsleben, im sozialen Leben stützen konnte.

Aus dem heraus ist eine Haltung entstanden, die diesem neuen Staat gegenüber von allem Anfang an sehr stark ambivalent war. Es war eine tragische Geburt, eine Frühgeburt oder eine Spätgeburt oder Fehlgeburt, wie immer man das bezeichnen will, jedenfalls ein Geburtstrauma, das diese ganze Republik charakterisiert hat von diesem Tage an. Es ist in der Staatengeschichte ein einmaliger Vorgang, daß ein Staat am selben Tag, an dem er sich als selbständiger Staat konstituiert, sich gleichzeitig auflöst, bzw. als Bestandteil eines anderen Staates erklärt. Artikel 1 dieser Erklärung vom 12. November besagt, daß Deutsch-Österreich ein Bestandteil der Deutschen Republik ist. Daß es dann nicht zu diesem Anschluß gekommen ist, ist nicht zuletzt der Intervention der Siegermächte, vor allem Frankreichs zu verdanken, das kein Interesse hatte, daß Deutschland, das den Krieg verloren hatte, noch einen Gebietszuwachs erlebt. Die Gegenliebe der Deutschen für die österreichischen Anschlußwünsche hat sich auch in Grenzen gehalten, aber es hat sehr starke Kräfte gegeben, die das damals um jeden Preis durchsetzen wollten, besonders der Führer der österreichischen Sozialdemokratie, Otto Bauer, der einen persönlichen Vertrauensmann, den Wiener Historiker und Geschichtsprofessor Ludo Hartmann, nach Berlin geschickt hat. Der Anschluß, den viele als etwas uns Vorenthaltenes angesehen haben, ist erst zwanzig Jahre später gekommen unter Vorzeichen, die dann die meisten Österreicher endgültig von dem Wunsch kuriert haben, in einer größeren Einheit aufzugehen. Man begann diesen Staat auch in seiner Kleinheit zu akzeptieren, was an sich schon in der Ersten Republik möglich gewesen wäre, aber daran gescheitert ist, daß damals die meisten sich die Existenz eines Kleinstaates nicht vorstellen konnten oder wollten. Man könnte vielleicht die psychologische Situation der Österreicher von damals am ehesten vergleichen mit einer vielköpfigen Familie, die in einer geräumigen Wohnung oder sogar in einem eigenen Haus lebt, und plötzlich delogiert und auf Zimmer Küche gesetzt wird und jetzt verzweifelt nach einer Ersatzwohnung oder womöglich nach einer größeren Wohnung Ausschau hält, statt sich die Frage vorzulegen, ob man nicht auch in Zimmer Küche unter Umständen ganz menschenwürdig leben kann. Diese Bereitschaft hat damals nicht bestanden, und deshalb war auch die Überzeugung, daß Österreich nicht lebensfähig ist, eine allgemein feststehende, die nicht auf der Prüfung historischer und ökonomischer Tatsachen beruht hat, sondern eine forgone conclusion war, eine vorweggenommene Selbstverständlichkeit. Sich zu diesem Staat zu bekennen war annähernd eine Art Hochverrat, weil dieser Staat von den meisten nur als ein Provisorium und Transitorium aufgefaßt wurde. In eine provisorische und transitorische Sache investiert man bekanntlich nicht alle seine Energien. Deshalb ist gerade die Geschichte dieses 12. November, der nie wirklich populär wurde, eine Geschichte, die sehr viel über Österreich aussagt. Dieser Tag hat bis zum heutigen Zeitpunkt im Bewußtsein einen unangenehmen Beigeschmack, weil er nicht nur mit der Gründung eines neuen Staates, sondern auch mit dem Untergang eines alten Staates verbunden war. Deshalb hat man, als Österreich 1955 endgültig von den Besatzungstruppen befreit wurde, nicht mehr auf den 12. November zurückgegriffen. So ist diese relative Verlegenheitslösung des 26. Oktober zustandegekommen, den wir heute feiern, der aber eigentlich im Bewußtsein der meisten eher ein Volkswandertag als ein wirkliches nationales Ereignis ist. Man muß erst mühsam aufklären, wie es überhaupt zu diesem 26. Oktober gekommen ist. Es hat dieser Tag nicht jene Selbstverständlichkeit, den nationale Tage in anderen Ländern haben, und das ist sehr aussagekräftig für die Situation der Ersten Republik, denn Symbole sind identitätsstiftend. In Österreich war dies nicht der Fall und ist es eigentlich bis zum heutigen Tage nicht, obwohl wir diese Last der Vergangenheit sehr gut überwunden haben, allerdings auf schrecklichen Umwegen und durch ein Purgatorium eines tausendjährigen Reiches, das zum Glück nur sieben Jahre gedauert hat, lange genug, v. a. für diejenigen, die es nicht überlebt haben.

Ein solches Symbol stellen auch Staatshymnen dar. Nach dem Ersten Weltkrieg ist ein neuer Staat entstanden, zwar nicht aus dem Willen der Bewohner heraus, sondern weil ihm alle anderen weggelaufen sind. Man hat dann aus der Not eine Tugend gemacht und einen eigenen Staat ausgerufen, dieser braucht auch so etwas wie eine Hymne. Karl Renner, der ein großer Politiker, aber ein weniger großer Dichter war, hat einige hölzerne Verse verfaßt, die dann von einem damals sehr bekannten Komponisten Wilhelm Kienzl vertont wurde. Diese Hymne hat fast ein Jahrzehnt lang existiert, allerdings nur in den Schulstuben, sie ist nie wirklich populär geworden. Deshalb hat man Ende der zwanziger Jahre in einem Anfall von österreichischem Patriotismus versucht, das Österreichbewußtsein dadurch zu beleben, daß man auf die alte Haydn-Melodie zurückgegriffen hat. Dichter war der sehr deutsch, stramm-deutsch und national gesinnte Priester Ottokar Kernstock, den man aber gegen den Vorwurf, ein Nazi gewesen zu sein, in Schutz nehmen muß, die Nazis haben ihn dann später sehr mißbraucht. Der Text war ziemlich romantisch: »Sei gesegnet ohne Ende, Heimaterde wunderhold, deutsche Liebe ...« usw. Diese Hymne ist in den Schulen vermittelt worden und etwas populärer geworden, weil sie dieselbe Melodie gehabt hat, wie die alte Volkshymne. Nun ist aber folgendes passiert: Als der letzte österreichische Bundeskanzler, Kurt Schuschnigg, von seinem Besuch am Obersalzberg bei Hitler, von der Höhle des Löwen, zurückgekommen ist und die berühmte Rede gehalten hat im Parlament »Bis in den Tod Rot-Weiß-Rot!« wurde im Anschluß diese Haydn-Melodie intoniert und durch Lautsprecher auf die Ringstraße übertragen. Nun hat sich folgendes ereignet. Es haben die im Spalier anwesenden Wiener drei verschiedene Texte zu ein und derselben Melodie gesungen. Die damals noch zahlreich vertretenen Älteren haben das »Gott erhalte« ihrer Kindheit gesungen, die anderen jenes Lied, das sie in der Schule gelernt haben, also das Kernstock-Haydn Lied, und ein nicht kleiner Teil hat jenes Lied gesungen, das dann wenige Wochen später zum alleinherrschenden wurde nämlich »Deutschland, Deutschland über alles«. Dies ist als negatives Pfingstwunder zu charakterisieren. Zu Pfingsten haben alle verschiedene Sprachen gesprochen und haben alle einander verstanden, in Österreich haben alle dieselbe Sprache gesprochen und verschiedene Töne dazu und Texte hervorgebracht. Das ist ein Zeichen, daß eben dieser Staat nicht tragfähig war. Es wäre möglich gewesen, aber es ist im Bewußtsein noch nicht vorhanden gewesen. Es bedurfte offenbar dieses Umweges, um die Österreicher zu sich selbst finden zu lassen, obwohl die Frage des militärischen Widerstandes umstitten ist. Wir wissen heute, daß die militärischen Vorbereitungen Hitlers gar nicht so großartig waren und das eine Improvisation war – das Bundesheer hätte das nicht aufhalten können, aber es hätte eine ernste Sache werden können und nicht nur ein Spaziergang. Möglicherweise wären dann nicht erst die Polen, sondern schon die Tschechoslowakei der casus belli gewesen, und es wäre vielleicht die ganze Weltgeschichte anders verlaufen. Das sind die Argumente derer, die gemeint haben, es war ein Fehler zurückzuweichen. Aber ein Fehler, der eigentlich irgendwie im österreichischen Nationalcharakter – wenn es ein Fehler war – begründet liegt. Denn das, was Grillparzer im Bruderzwist Matthias sagen läßt, das gilt nicht nur für das Haus Habsburg, sondern auch für andere weniger erlauchte Häuser: »Das ist der Fluch von unserem edlen Haus. Auf halben Wegen und zu halber Tat mit halben Mitteln zauderhaft zu streben.« Das ist das auch, was das Liebenswürdige an uns Österreichern ausmacht. Friedrich Torberg wurde einmal gefragt: »Was ist das Wesen des Österreichers?« Er hat einige Zeit nachgedacht und gesagt: »Eigentlich die Halbheit.« Man könnte auch die Sozialdemokratie als Beispiel nehmen: Otto Bauer hat gesagt: »Wir werden keinen Schritt zurückweichen, wenn das Parlament aufgelöst wird!« Wie es so weit war, ist gar nichts geschehen. Wenn damals ein friedlicher Widerstand, ein Massenwiderstand organisiert worden wäre, wäre es vielleicht noch gelungen, die Demokratie zu retten? Es ist beides nicht geschehen, nicht zuletzt deshalb, weil das Zurückschrecken vor der Tat irgendwie zum österreichischen Nationalcharakter gehört und auch eine liebenswürdige Seite hat. Denn die Leute, die nicht vor der Tat zurückgeschreckt sind, wie Lenin und Hitler, was haben die angerichtet? Moralisch gesehen, sind einem diejenigen, die zurückschrecken, auf jeden Fall sympathischer. Ob sie auch richtig gehandelt haben, ist natürlich eine andere Frage. Aber diese Halbheit ist zweifellos etwas, das in der österreichischen Mentalität verkörpert und an der Person Grillparzers direkt abzulesen ist. Grillparzer hat nicht nur diese berühmten Worte einem Herrscher in den Mund gelegt, sondern auch selber die Halbheit verkörpert in seiner Person. Auf der einen Seite war er im Vormärz ein Opfer der Zensur und war gegen den Absolutismus. Kaum war die Revolution da, ist er schon entsetzt vor ihr zurückgeschreckt und hat Radetzky zugerufen: »In deinem Lager ist Österreich!« Auf der einen Seite hat er mit seinem Schicksal als Beamter gehadert, auf der anderen Seite hat er das genossen und sehr ausgedehnte Urlaube angetreten, das läßt sich aus dem Hofarchiv alles rekonstruieren. Auch in seinem Privatleben – er konnte sich weder entschließen, seine ewige Braut zu heiraten noch sie zu verlassen. Das ist etwas, was im Wesen des Österreichischen und der Geschichte liegt, und vielleicht auch für das Haus Habsburg im letzten Stadium gilt. Wenn es mit Konsequenz gelungen wäre, Reformen durchzusetzen, besonders in der nationalen Frage, so wäre es unter Umständen möglich gewesen, diesen Staat zu erhalten. Franz Ferdinand hat die Absicht gehabt, den ungarischen Throneid nicht zu leisten, sondern von Konzessionen abhängig zu machen, von einer trialistischen Konstruktion. Das wäre allerdings eine Operation auf Leben und Tod gewesen. Denn den Widerstand der Ungarn hätte man nur mit militärischer Gewalt brechen können. Dies wäre Voraussetzung gewesen für die Umgestaltung des altösterreichischen unglückseligen Dualismus in einen Trialismus oder in eine wirklich freie Assoziation. Diesen Gedanken haben schon einige Österreicher gehabt, so Aurel Popovici, aber auch Dr. Adolf Fischhof, ein Österreicher jüdischer Herkunft, der in der Revolution 1848 eine große Rolle gespielt hat, der gesagt hat: »Österreich ist eine monarchische Schweiz en gros bzw. die Schweiz ein republikanisches Österreich en miniature.« Es ist nicht gelungen, aus Österreich eine Eidgenossenschaft zu machen. Es ist aber eine Neidgenossenschaft trotzdem geblieben. Das zeigt eben, daß diese Gelegenheiten versäumt wurden. Es wäre allerdings noch im Laufe des Jahres 1918 möglich gewesen, diesen gemeinsamen Staatsverband zu erhalten, wenn nicht die Siegermächte in ihrer Verblendung diesen alten Staat zum Abschuß freigegeben hätten.

In der Folge ist Österreich angeschlossen worden, wir waren Teil der deutschen Kriegsmaschinerie. Dann ist etwas eingetreten, was sehr im Sinne einer Entwicklung der österreichischen Identität war: Es ist in der großen Masse der österreichischen Bevölkerung das Bewußtsein gereift, daß Österreich ein selbständiger Staat wieder sein muß und werden soll. Noch bevor das in der Moskauer Deklaration vom 1. November 1943 zu einem Kriegsziel der Alliierten gemacht wurde. Es gibt interessante Hinweise darauf von zwei verschiedenen Seiten, die einander ergänzen. Einerseits schreibt Adolf Schärf in seinen Erinnerungen, daß der ehemalige sozialdemokratische Minister Leuschner, der dann nach dem 20. Juli hingerichtet wurde, bei ihm war im Jahre 1943 und ihn gebeten hat, daß Österreich für den sich abzeichnenden Fall der Niederlage Deutschlands auf der Seite Deutschlands bleibt. Schärf schreibt, daß er damals, ohne von irgendeiner Instanz dazu autorisiert zu sein, die Worte gesprochen hat: Der Anschluß ist tot. Etwas ähnliches berichtet Lois Weinberger, einer der führenden Gestalten der ÖVP nach 1945. Carl von Goerdeler, ehemaliger Oberbürgermeister von Leipzig, der auch nach dem 20. Juli hingerichtet wurde, war bei ihm und hat ein ähnliches Ansinnen gestellt. Damals war im österreichischen Widerstand, aber auch schon in der österreichischen Bevölkerung das Bewußtsein, einen neuen Staat zu gründen, oder den alten Staat wieder gründen zu müssen, sehr stark, nicht nur aus opportunistischen Gründen, obwohl es natürlich nicht begehrenswert war, im Jahre 1945 das Schicksal des besiegten Deutschlands zu teilen. Man hat den Wert Österreichs als eines selbständigen Staates erst erkennen gelernt, als man ihn verloren gehabt hat. So wie es häufig im Leben ist, daß man den Wert einer Sache einsieht, wenn man sie vorübergehend oder dauernd verloren hat.

So ist diese Frage, die nach 1918 die Österreicher getrennt hat, ob Österreich lebensfähig ist oder nicht, 1945 gar nicht gestellt worden, obwohl 1945 eigentlich die Situation in vieler Hinsicht schlimmer war, denn Österreich war vierfach besetzt, was 1918/19 nicht der Fall war, und es ist gar nicht sicher gewesen, daß das alles so gut ausgeht, wie es jetzt rückblickend erscheint. Wenn einige Dinge anders gelaufen wären, so hätte es zumindest eine Teilung nach deutschem Muster geben können. Die Russen hätten zumindest den östlichen Teil Österreichs mit Wien ganz gern mitgenommen, wenn es leicht und ohne besonderes Aufsehen gegangen wäre. Daß die Kommunisten nach 1945 sich ausgerechnet auf den Polizei- und Innenminister kapriziert haben, ist doch ein Zeichen, daß da eine Strategie vorhanden war, die vielleicht auch aufgegangen wäre, wenn nicht eine Reihe von taktischen Maßnahmen von österreichischer Regierungsseite, Karl Renner und Leopold Figl, gesetzt worden wären, die diese russischen Pläne durchkreuzt haben. Eine der wichtigsten Weichenstellungen war, daß Renner von allem Anfang an auf Wahlen gedrängt hat. Er wollte nicht ein Kanzler von Gnaden der Alliierten oder Sowjets sein und er hat nicht die Rolle gespielt, die manche befürchtet haben. Das scheint auch Stalin erwartet zu haben, weil er nach Renner suchen ließ. Die Geschichte ist bekannt. Renner hat die österreichischen Bundesländer, die unter Umständen eine separatistische Politik betrieben, einen eigenen Staat begründet und sich losgelöst hätten, in Wien zusammengeführt und auf ein gemeinsames Programm vereidigt. Es haben auch einzelne Personen eine sehr große Rolle gespielt, z. B. Prof. Herbert Braunsteiner – neben Johannes Eidlitz – der einzige Überlebende des Gründungsaktes der ÖVP im Schottenstift 1945. Dadurch, daß er die Enns durchschwommen hatte, stellte er die erste Verbindung zu staatlichen, aber auch kirchlichen Stellen her. Das hat wesentlich dazu beigetragen, Bestrebungen der westlichen Bundesländer, sich selbständig zu machen, zu vereiteln und die Einheit Österreichs zu erhalten. Die Kommunisten haben damals fälschlich geglaubt, daß sie zwanzig Prozent der Stimmen bekommen werden. 1945 sind mindestens so viele Leute mit roten Armbinden herumgelaufen wie mit rot-weiß-roten. Das hat eine Bedeutung suggeriert, die sie in Wirklichkeit gar nicht gehabt haben. Im übrigen kann man sagen, daß die Praxis der russischen Besatzungssoldaten einiges dazu beigetragen hat, um die Österreicher gegen die Versuchung einer Volksdemokratie zu immunisieren. Daher ist es nicht zu diesem Wahlsieg gekommen. Es hätten zwanzig/fünfundzwanzig Prozent Kommunisten mit einem kommunistischen Innen- und Polizeiminister unter

Umständen genügt, um auf kaltem Wege das herbei-
zuführen, was in anderen Volksdemokratien durchge-
führt wurde. Aber zum Glück ist dies bei uns nicht der
Fall gewesen, wir haben sogar den österreichischen
Staatsvertrag erhalten, allerdings in einer Sternstunde
der Geschichte, in einer Zeit also, in der Chruschtschow eine Entspannungsgeste setzen wollte, aber es
war trotzdem etwas Unerhörtes. Wir haben zwar dieser Lösung vorgearbeitet, hätten sie aber nicht er-
zwingen können. So hat Chruschtschow seinen Fuß
aus Österreich hinausgezogen, was die Russen sonst
nirgendwo getan haben. Wenn wir 1955 nicht den
österreichischen Staatsvertrag bekommen hätten, so
hätten wir nach den Ereignissen, die auch jetzt ein Ju-
biläum sind oder waren, den Ereignissen in Ungarn
1956 vielleicht bis Gorbatschow warten müssen, bis
wir einen Staatsvertrag bekommen hätten. Was das
für Österreich bedeutet hätte, das kann man sich
ungefähr ausmalen. Wir waren in dieser Hinsicht in
einer glücklicheren Lage, aber wir haben auch mit
unserem Glück etwas angefangen, es war nicht unver-
dient. Man kann wirklich sagen, wenn dieser Staat in
der Ersten Republik ein negatives Beispiel, ein Lehr-
beispiel für einen Staat ist, der an Mangel an Kontinuität, an Konsens, an innerer Einstellung zugrunde
gegangen ist, so ist die Zweite Republik eigentlich eine
große Erfolgsstory, die sich von dieser Ersten Republik sehr stark abhebt und sehr viel gelernt hat.

Wobei die Erste Republik nicht zuletzt auch noch
von der Frage Habsburg überschattet war. Claudio
Magris, der österreichische Trientiner, hat das bekannte Buch geschrieben über den Habsburger-My-
thos in der österreichischen Literatur. Dieser Mythos
hat nicht nur in der Literatur nachgewirkt, sondern

auch in der Politik auf beiden Seiten, sodaß die Stellung zum alten Österreich eine Kardinalfrage war. Obwohl es keine konkrete Aussicht auf eine Restauration gegeben hat, war die Stellung zum alten Österreich im Bewußtsein der Österreicher etwas absolut Trennendes. Mein Lehrer August Maria Knoll und auch Ernst Karl Winter, die die wenigen waren, die für dieses Österreich schon eingetreten sind in der Ersten Republik, die es für lebensfähig gehalten haben und es retten wollten, haben mir gesagt, daß nichts so sehr die Massen der Kleinbürger und Bürger daran gehindert hat, sich in das Lager der Sozialdemokratie zu begeben, das eigentlich ihre wirtschaftlichen Interessen vertreten hat, als die ständige Hetze z. B. der Arbeiterzeitung gegen das alte Österreich und auch gegen die Kirche. Da ist auch ein Läuterungsprozeß eingetreten. Es ist ja auch kein Zufall, daß die erste große Erschütterung der großen Koalition, die nach 1945 gegründet wurde und für alle Ewigkeit gegründet schien, 1963 über diese Frage der Landesverweisung Otto von Habsburgs ausgebrochen ist. Die Erregung war also weitgehend künstlich und eine Ablenkung von innerparteilichen Problemen, aber es hat immerhin funktioniert. Ich war selber damals auf diesem Parteitag und habe das miterlebt, wie alle Fragen Pittermann – Olah, die in Wirklichkeit schon aktuell waren, zurücktreten mußten vor dieser Frage. Da hat man geglaubt, da geht die Republik unter. Sie ist bekanntlich nicht untergegangen, sie ist sogar etwas besser geworden in der Zwischenzeit, nicht ganz ohne Zutun Otto Habsburgs selbst. Kreisky hat mit seinem berühmten Handschlag jedenfalls nach außen hin diese unglückselige Geschichte einer überflüssigen Polarisierung und Entfremdung zwar nicht aus der

Welt geschafft, aber ihrer dramatischen Schärfe beraubt.

Das ist etwas, daß zu Hoffnung Anlaß gibt für die Zweite Republik, daß hier wirklich in der Zweiten Republik anders gedacht, anders gehandelt wurde und daß wir heute nicht mehr den Anschluß an Deutschland brauchen, um aus unserer Kleinheit, die wir gar nicht mehr als Minderwertigkeit empfinden, herauszukommen, sondern den Weg nach Europa. Allerdings müssen wir schauen, daß dieses Europa nicht nur ein zentralistischer, bürokratischer, Brüsseler Apparat bleibt, sondern daß wir hier unsere Substanz, unsere kulturelle Identität einbringen, und das ist sicherlich auch in erster Linie das Christentum. Uns, einer bewußten Minderheit an Christen, an Katholiken in der Bevölkerung, fällt eine besondere Aufgabe zu, nicht im Sinne eines altkirchlichen Triumphalismus oder Klerikalismus, sondern in dem Sinne, daß letzten Endes jedes Haus, das nicht einen Grundstein oder Eckpfeiler hat, der nicht von oben gegeben wurde, auf Sand gebaut ist. Das gilt dann auch für dieses Europa. Wenn es nur eine Wirtschaftsgemeinschaft ist, dann wird es wahrscheinlich entweder der Überlegenheit Amerikas zum Opfer fallen oder dem ostasiatischen Raum. Wenn es aber seine eigentliche Stärke ausspielt – und dazu gehört eben die geistige Grundsubstanz, die im Christentum wurzelt – dann hat es wirklich zumindest Aussicht, leadership in der Welt zu werden. Friedrich Heer, der in vieler Hinsicht mein Vorbild ist als Geisteswissenschaftler und Autor des Buches »Der Kampf um die österreichische Identität«, hat einmal von den USA und der UdSSR als »entlaufenen Söhnen und Töchtern Europas« gesprochen. Denn alle wesentlichen Ideen, die in Amerika und auch in Rußland wirksam geworden sind, ob es nun gut oder schlecht war, sind von Europa gekommen. Oswald Spengler schreibt in seinem Buch »Der Untergang des Abendlandes«, daß die christlich-abendländische Kultur, deren Prinzip das faustische Streben und Suchen ist, sich im wesentlichen von den früheren anderen dadurch unterscheidet, daß diese Kultur – und das hängt auch wiederum mit dem Christentum, mit der Mission zusammen – in alle Welt gegangen ist, sie missionieren wollte und auch alle Erfindungen und Geheimnisse preisgegeben hat, während andere Kulturen, z. B. die chinesische – man denke an die Herstellung des Porzellans – ihre Geheimnisse ängstlich gehütet und anderen Kulturen nicht mitgeteilt haben. Wir haben sozusagen via Imperialismus, aber auch via Christentum alles, was wir gehabt haben, anderen geliefert, und diese haben sie jetzt als Waffen gegen uns, sagt Spengler. Er hat damit weitgehend Recht, aber es besteht eine große Chance der Rückeroberung, nicht im Sinne des Kolonialismus und Imperialismus, sondern im Sinne einer Standortbestimmung, wenn wir unsere Stärken ausspielen. Die Gegenkräfte sind sehr stark, die unter irgendwelchen Verschleierungen versuchen, diese christliche Substanz zu zerstören. Nicht mehr offen anzugreifen und zu attackieren, wie es in der Zwischenkriegszeit der Fall war, sondern sie als altmodisch abzutun. Gegenüber dem weltbekannten Vertreter Fritjof Capra von New Age habe ich in einer Diskussion festgestellt: »In Ihrem Namens- und Sachregister geht mir der Name Gott ab. Sie sprechen über alles mögliche, aber nicht über Gott.« Er gab zur Antwort: »Ja, ich habe schon eine Stelle, aber eine weibliche Gottheit Dea.« Das war mehr oder weniger ein Ausweichen. In Wirklichkeit ist das eine Esoterik, die glaubt, ohne Transzendenz auszukommen, eine Ersatzreligion für viele Menschen, die aus Gründen, die wir alle sehr gut kennen, mit der traditionellen Religion und Kirche nichts mehr anfangen können und sich jetzt durch fernöstliche und sonstige Praktiken einem Mystizismus hingeben, der in Wirklichkeit keinen Anhaltspunkt hat. Denn zu einem immanenten Gott, wie er das genannt hat, der keine Person ist, zu dem kann man weder beten noch kommunizieren. Das ist eigentlich nichts anderes als eine Naturanbeterei und eigentlich ein Rückfall in ein längst überwunden geglaubtes Stadium, aber es genießt große Popularität. Gerade in der amerikanischen Gesellschaft, obwohl tolerant gegenüber Religionen, ist ein Kandidat, der sagt, ich bin Atheist, unwählbar. Das würde dem common sense der Amerikaner vollkommen widersprechen. Was zeigt, daß diese Säkularisierungsthese eben vollkommen falsch ist. Denn nach dieser These, daß Wissenschaft und Technik Religion überflüssig machen, müßte Amerika das irreligiöseste Land sein, es ist aber das religiöseste, wie immer man diese Religion im einzelnen qualifizieren mag. Sie ist jedenfalls eine mit einem Transzendenzbezug. Es gibt aber auch gerade in Amerika eben solche Strömungen wie die Capras, die versuchen, durch eine Esoterik und eine Mystifizierung der Natur das traditionelle christliche Gedankengut auszuhöhlen und überflüssig zu machen. Gegen solche Bestrebungen müssen wir uns zur Wehr setzen.

Das Österreich der Zweiten Republik ist in einer Krise. Unser ganzes politisches System ist zwar eine Erfolgsstory, die wir seit 1945 aufgebaut haben, aber es ist äußerst brüchig geworden. Die Verantwortlichen sind nicht in der Lage, jene Reformen durchzuführen, die notwendig sind, um die guten Bestandteile des Systems zu erhalten. In dieser Hinsicht erinnert mich das fatal an die Situation des alten Österreich, vielleicht ist dieser point of no return schon überschritten. Die große Koalition hat nicht mehr viel Zeit und keine große Chance mehr, ihre Überlebensfähigkeit zu beweisen, sondern ich vermute, daß – wenn man nicht eine Wahlrechtsreform einführt, die von vornherein sicherstellt, daß eine Partei regiert, die andere in Opposition ist – andere Koalitionsformen kommen werden. Es wird auch nicht die Welt einstürzen. Wenn ein politisches System die innere Kraft zur Erneuerung nicht hat, muß sie anderen Kräften Platz machen. Ich habe das Gefühl, daß wir an einer solchen Wende stehen und daß die bloße Beteuerung, es sei ohnehin alles in Ordnung, letzten Endes an den Realitäten vorbeigeht. Da wäre wirklich ein Konzil notwendig, wenn es so etwas gäbe im Staat, so wie es auch in der Kirche ein Konzil gegeben hat oder geben könnte, eine österreichische Gesamtversammlung, wenn wirklich ein Haus in Krise ist. Einerseits können wir uns in einer gewissen tröstlichen Gewißheit befinden, auf der anderen Seite sollten wir nicht glauben, daß wir uns auf unseren Lorbeeren ausruhen können, denn sie können sich sehr schnell in Disteln verwandeln. Das könnte uns passieren, wenn wir allzu sorglos mit diesem Erbe umgehen. Gerade kleine Gruppen sind in einer solchen Lage viel eher imstande, neue Entwicklungen wahrzunehmen als erstarrte Großorganisationen. In diesem Sinne sollten wir uns zwar nicht abhängig machen von äußeren Umständen, aber alles tun, um sie so zu gestalten, daß Österreich nicht nur als Staat überlebt, weiterlebt, sondern daß er seine positiven Energien, seine kulturelle Identität nach Eu-

ropa einbringt und damit auch etwas zur Vergeisti-
gung dieses Europas beiträgt, das nicht eine bloße
Wirtschaftsorganisation, nicht eine bloße Verteidi-
gungsorganisation bleiben darf, sondern eine geistige
Einheit werden muß, wenn dieses Europa seine Seele
behalten soll. Es kann aber auch sein, daß durch Säu-
migkeit die Kompetenz in andere Länder, in andere
Erdteile abwandert. Dies könnte auch die Weltkirche
betreffen. Man denke an das Gleichnis von den Win-
zern, die den ihnen anvertrauten Weinberg nicht be-
stellen und sogar die ausgesandten Knechte erschla-
gen. Der Herr entzieht ihnen den Weinberg und gibt
ihn anderen. Hoffentlich geht es uns in Europa und
in Österreich nicht so.

Viktor Fortunat

Generalmajor Scholik –
Ein Offizier im Spiegel der Geschichte

Generalmajor i.R. Otto Scholik, unser Bundesbruder Dr. cer. Tassilo, einer der letzten noch lebenden Tatzeugen der sogenannten Operation Radetzky in den Endkämpfen um unsere Vaterstadt Wien im Jahre 1945, feierte seinen 80. Geburtstag. Er gehört einer Generation an, deren Angehörige, noch während des Ersten Weltkrieges in der österreichisch-ungarischen Monarchie geboren, den schicksalshaften Weg der staatlichen Fortentwicklung Österreichs von der Republik Deutsch-Österreich über den Ständestaat, die gewaltsame Eingliederung in das Großdeutsche Reich, das Inferno des Zweiten Weltkrieges mit den Endkämpfen im eigenem Land und die darauffolgende zehnjährige Besatzungszeit bis zur Wiedererlangung der staatlichen Souveränität im Jahre 1955 mit allen ihren Begleiterscheinungen hautnah miterleben mußten. Ein Grund dafür, seinen Lebensweg einer kurzen, retrospektiven Betrachtung zu unterziehen und dieses österreichische Menschenschicksal für die Nachwelt in Erinnerung zu halten. Zugleich für die nachfolgenden Generationen ein zeitgeschichtlicher Beitrag zum besseren Verständnis jener, heute bereits zum Teil schon wieder unbegreiflichen Vorgänge und der Menschen, die vom Schicksal in diesen Zeitrahmen hineingestellt wurden.

Am 25. September 1916 als Sohn einer Wiener Bürgerfamilie geboren, erlebte er als Volks- und Realschüler die wirtschaftlichen Krisen, die Inflation und

112

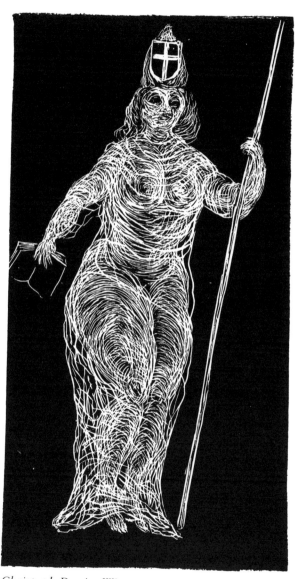

Christoph Donin: Wien

113

Massenarbeitslosigkeit, sowie die dadurch geförderten innenpolitischen Unruhen des neuen Staates, der sich selbst nicht für lebensfähig hielt. Nach den Worten Clemenceaus aus dem gebildet, was von der in staatspolitischer Kurzsichtigkeit zerschlagenen österreichisch-ungarischen Monarchie übrigblieb. Eine Folge der willkürlichen, von chauvinistischen und ultranationalen Ansichten getragenen Zerschlagung der von den Habsburgern in über 600jähriger Regierungszeit herangebildeten Ordnungsmacht im Herzen Europas. Eingriffe in das europäische Staatsgefüge, die das staatliche Ordnungssystem in der Mitte Europas mutwillig zerstörten und das friedliche Zusammenleben der verschiedenen Nationen und Religionen beseitigten. Deren Auswirkungen reichen bis in die Jetztzeit, bis zu den jüngsten Konflikten im ehemaligen Jugoslawien mit ihrem menschenverachtenden Volkshaß, den Massenvertreibungen und unzähligen Menschenopfern.

Nach der Matura rückte Bundesbruder Tassilo als Einjährig-Freiwilliger zum damals im Ausbau begriffenen Bundesheer der Ersten Republik und zwar zum leichten Artillerieregiment Nr. 1 in die Wilhelm-Kaserne ein. Nach der Okkupation Österreichs erfolgte seine Versetzung als Fahnenjunker zum Artillerieregiment 26 nach Düsseldorf. Mit diesem Regiment nahm er nach Absolvierung der Kriegsschule in Potsdam und Ernennung zum Leutnant in den Funktionen als Ordonnanzoffizier, vorgeschobener Beobachter, Abteilungsadjutant, Batterieoffizier, Fernmeldeoffizier und Batterieführer an den Feldzügen der Deutschen Wehrmacht in Frankreich und der Sowjetunion teil.

Nach seiner Verwundung wurde er als Oberleutnant zur kroatischen Ausbildungsbrigade nach Stockerau versetzt und als Ia (Chef des Stabes) eingeteilt. Hier fand er gleichgesinnte Kameraden, kritische Offiziere aus dem alten Österreich, und es entwickelte sich daraus eine Zelle des Widerstandes, deren Tätigkeit in der Operation Radetzky, den Bemühungen der geliebten Heimatstadt Wien das Schicksal anderer Großstädte, wie Warschau und Budapest, zu ersparen, gipfelte. Gemeinsames Ziel aller Träger des österreichischen Widerstandes gegen das herrschende nationalsozialistische Regime war es, die Kampfhandlungen in Österreich möglichst zu verkürzen und möglichst große Bereiche des Staatsgebietes für den anschließenden Wiederaufbau funktionsfähig zu erhalten.

Die Bereitschaft, Widerstand zu leisten, war nach der Okkupation unseres Landes im März 1938 zunächst gering. Viele Österreicher erlebten als eine Folge der von Hitler konsequent betriebenen und von der Masse der Bevölkerung noch nicht erkannten Kriegsvorbereitungen einen wirtschaftlichen Aufschwung und das Ende der Massenarbeitslosigkeit mit ihren Auswirkungen auf zahlreiche Familien. Die nationalsozialistische Propaganda unter dem genialen Reichspropagandaminister Dr. Goebbels war perfekt inszeniert und psychologisch auf die Beeinflussung der Massen ausgerichtet. Mögliche Regimegegner wurden sofort ausgeschaltet, d. h. liquidiert oder in ein Konzentrationslager eingeliefert. Dies teilweise sogar schon in der Nacht vor dem Einmarsch der deutschen Truppen in Österreich. Der sicherheitspolizeiliche Überwachungsapparat der Gestapo und das perfekt durchorganisierte »Blockwartesystem« der nationalsozialistischen Parteiorganisation funktionierten klaglos und erzeugten in der Bevölkerung ein Gefühl der Ohnmacht. Darüber hinaus hatte man damals auch vom Ausland keinerlei Unterstützung zu erwarten. Die europäischen Großmächte waren zu diesem Zeitpunkt um die Erhaltung des Friedens willen bereit, Hitler immer wieder neue Konzessionen zu machen. Selbst die katholische Kirche erlebte anfänglich eine Identifikationskrise. Als Angehöriger des Widerstandes konnte man damals, um einen Ausspruch meines Bundesbruders Bacsi zu zitieren, nur in den Palais des Adels, den katholischen Pfarrhöfen oder kommunistischen Eisenbahnerwohnungen Unterschlupf finden. Nur die Monarchisten standen in diesem zunächst aussichtslos erscheinenden Kampf von der ersten Stunde an in der vordersten Front, sie brachten auch die ersten Blutopfer, und unser Oberster Bandinhaber wurde von Adolf Hitler zum Staatsfeind Nr. 1 erklärt und mit seiner Familie durch ganz Europa verfolgt.

Im Verlaufe des sich ausbreitenden Zweiten Weltkrieges erkannten immer mehr Menschen die wahren Absichten des nationalsozialistischen Regimes, sahen dessen menschenverachtende Taten, und viele Österreicher besannen sich wieder ihrer angestammten Heimat. Unter dem nicht unwesentlichen Einfluß der österreichischen Emigration in den USA, Großbritannien und Schweden kam es am 30. Oktober 1943 zur Moskauer Deklaration der drei alliierten Außenminister, die festlegte, daß Österreich nach Beendigung des Krieges als souveräner Staat wiedererstehen würde und hiezu auch einen eigenen, aktiven Beitrag zu leisten habe. Eine wesentliche Rolle bei der diesbezüglichen Meinungsbildung, vor allem in den USA, spielten hiebei unser Oberster Bandinhaber und die Mitglieder der kaiserlichen Familie. Damit war für die Österreicher die staatspolitische Basis für den Widerstand gegeben. Im Unterschied zum »Altreich«, demgegenüber die Alliierten an der bedingungslosen Kapitulation festhielten.

Dies waren die staatspolitischen Rahmenbedingungen, unter denen der damalige Oberleutnant Scholik im August 1944 als Referent zur Abteilung Ib/Org im Stabe des Wehrkreiskommandos XVII im derzeitigen Regierungsgebäude auf dem Wiener Stubenring versetzt wurde. Der Leiter dieser für die Neuaufstellung von Truppenkörpern und deren materielle Ausrüstung zuständigen Abteilung war der damalige Hauptmann Szokoll, ein vom deutschen Sicherheitsdienst nicht entdeckter Teilnehmer an der Verschwörung gegen Adolf Hitler im Juli 1944 und der Kopf der militärischen Widerstandsbewegung in Österreich, der damaligen Ostmark oder Alpen- und Donaugaue. Er zog unseren Bundesbruder Tassilo ins Vertrauen und erteilte ihm den Auftrag, mit bestimmten Gruppen des zivilen Widerstandes Verbindung aufzunehmen und zu halten.

In der Karwoche des Jahres 1945 gelang es den sowjetischen Streitkräften im Zuge der Operation Wien mit drei Armeen der dritten ukrainischen Front durch eine zwischen den auf die Reichsschutzstellung zurückgehenden sechsten SS-Panzerarmee und der sechsten Armee entstandenen rund 50 km breiten Frontlücke über die Bucklige Welt einzudringen, das sich durch die Eisenstädter Pforte absetzende XI. SS-Panzerkorps auszuflankieren und über den Wienerwald und das Wiener Becken an die Donau westlich von Wien vorzustoßen.

Der in den Stab des am 2. April 1945 zum Kampfkommandanten von Wien ernannten General der Infanterie Bünau mit seiner gesamten Abteilung integrierte nunmehrige Major Szokoll leitete die Aktionen des militärischen Widerstandes unter dem Stichwort «Operation Radetzky«. Über die Einzelheiten dieser Operation hat unser Bundesbruder als überlebender Zeitzeuge bei der KÖL Maximiliana einen interessanten Vortrag gehalten, dessen Inhalt anläßlich seines 80. Geburtstages nunmehr in den Neuen Blättern publiziert wurde. Ziel der Operation Radetzky war es, einen Kampf um Wien zu vermeiden und der altehrwürdigen Haupt- und Residenzstadt des einstigen Heiligen Römischen Reiches das Schicksal anderer deutscher Großstädte im zu Ende gehenden Inferno des Zweiten Weltkrieges zu ersparen. Hiezu sollten die in Wien befehlsführenden deutschen militärischen Kommanden durch die Aktionen des militärischen Widerstandes unter der Mitwirkung von zivilen Widerstandsgruppen gezwungen werden, die Stadt Wien kampflos an die Rote Armee zu übergeben. Während es dem damaligen Oberfeldwebel Käs, nach dem Kriege Kommandant der Gendarmeriezentralschule und als Sektionschef im Bundesministerium für Inneres Generalinspizient der österreichischen Bundesgendarmerie, gelang, in einer waghalsigen Aktion durch die Frontlinien hindurch zu kommen und mit dem Oberkommando der neunten sowjetischen Gardearmee in Hochwolkersdorf Verbindung aufzunehmen, das gemeinsame Vorgehen zu koordinieren und wieder durch die Frontlinien zum Stabe des Kampfkommandanten von Wien zurückzukehren, wurde Major Biedermann, der Kommandeur der Heeresstreife Großwien, der eine Schlüsselstellung bei der Durchführung der Operation Radetzky innehatte, auf Grund einer Anzeige seines NS-Führungsoffiziers verhaftet und von der Gestapo zum Reden gebracht. Auf Grund dessen mußten die weiteren Aktionen des militärischen Widerstandes abgebrochen werden. Major Biedermann und die im Gebäude des Wehrkreiskommandos verhafteten beiden Teilnehmer an der Operation Radetzky, Hauptmann Huth und Oberleutnant Raschke, wurden von einem fliegenden Standgericht der WaffenSS zum Tode verurteilt und am Floridsdorfer Spitz auf Laternenpfählen aufgehängt. Trotzdem war es durch die Aktionen der österreichischen Widerstandsbewegung gelungen, den Kampf um Wien abzukürzen – die letzten Stadtteile wurden nach achttägigen Kämpfen von der deutschen Wehrmacht geräumt –, die Reichsbrücke und die Augartenbrücke über den Donaukanal intakt zu halten, die für die Stadtbevölkerung lebenswichtige Wasserversorgung über die beiden Wiener Hochquellenwasserleitungen aufrecht zu erhalten und die Einstellung der alliierten Bombenangriffe auf das Stadtgebiet zu erwirken.

Mit Unterstützung seiner mutigen späteren Ehefrau, einer aus ihrer Heimat vertriebenen polnischen Gräfin, die die Nationalsozialisten als slawischen Untermenschen behandelten und deren Bruder mit sechzehn Jahren im KZ Dachau umgekommen war, überlebte unser Bundesbruder Tassilo die schicksalsschweren Tage des Endkampfes um Wien im Bereich der österreichischen Widerstandsbewegung O5.

Nach der Befreiung Wiens durch die Rote Armee versuchte er im bis Juli 1945 von den Sowjets allein besetzten Wien, mit anderen Mitgliedern der österreichischen Widerstandsbewegung eine konservative Keimzelle in der von den Kommunisten neuaufgestellten und beherrschten österreichischen Exekutive zu erhalten, was ihm, ebenso wie auch Major Szokoll, die Verhaftung durch die Sowjets und eine 14tägige Festhaltung im Keller eines Wiener Stundenhotels eintrug.

Von Ende April 1945 gehörte er als Referent der Organisationsabteilung dem wiedererrichteten Heeresamt bis zu dessen auf Weisung der alliierten Besatzungsmächte Anfang 1946 erfolgten Auflösung an. Nach Überstellung zur österreichischen Bundesgendarmerie versah er als Gendarmerieoberleutnant im Bundesministerium für Inneres bis April 1948 als Adjutant des Staatssekretärs und anschließend noch drei Monate als Referent im Gendarmeriezentralkommando seinen Dienst, bis er am 1. September 1948 über eigenes Ansuchen aus dem Staatsdienst ausschied und sich in der Kanzlei seines Vaters eine neue Existenz als Wirtschaftstreuhänder aufbaute.

Nach Wiedererlangung der vollen staatlichen Souveränität und Wiederherstellung der Wehrhoheit stellte er sich dem Landesverteidigungsressort zur Verfügung und trat am 2. Juli 1956 in das Bundesheer der Zweiten Republik ein. Nach Übernahme in den höheren militärischen Dienst, der anfänglich gebräuchlichen Bezeichnung für den Generalstabsdienst, war er zunächst als Lehroffizier an der Theresianischen Militärakademie, danach als für die materielle Versorgung zuständiger Generalstabsoffizier des im Osten Österreichs befehlsführenden Gruppenkommandos I, als Leiter der Attachéabteilung in der Zentralstelle des Bundesministeriums für Landesverteidigung und schließlich sechs Jahre hindurch als Militärattaché an der österreichischen Botschaft in der Schweiz tätig. Zuletzt in der für die Ausrüstung des Bundesheeres mit Waffen und Munition zuständigen Abteilung der Zentralstelle tätig und zum Generalmajor befördert, trat er am 30. September 1977 in den Ruhestand.

Ein österreichisches Soldatenschicksal im turbulenten Trubel der geschichtlichen Ereignisse in unserem von der Monarchie über die Republik, den Ständestaat, die nationalsozialistische Diktatur und einer zehnjährigen Besatzungszeit sich zur Zweiten Republik entwickelnden Staatswesen, dem es gelang, sein Selbstbewußtsein wiederzuerlangen und sich wieder auf die österreichische Nation zu besinnen.

Ein Landsmannschafter, der stets zu Österreich stand und sich auch in den schwierigsten Zeiten im Widerstreit zwischen Pflichterfüllung und Staats- bzw. Volksinteresse klar für sein geliebtes Vaterland Österreich und seine tausendjährigen kulturellen Werte entschied.

II. Dokumentarischer Anhang
zur VI. Österreichischen Akademie

Christoph Donin: Tirol

Norbert Fürstenhofer

Grundgedanke
zur VI. Österreichischen Akademie

Ein Grundgedanke leitete die VI. Österreichische
Akademie des Akademischen Bundes Katholisch-
Österreichischer Landsmannschaften im Oktober
1997: Wir wollten uns selbst, aber auch Österreich ein
Geschenk zum 1000jährigen Namenstag Österreichs
machen.

Der erste Teil der Beiträge war der Darstellung
der geschichtlichen Entwicklung des österreichischen
Raumes von den Kelten an gewidmet. Dem Referenten ist der Beweis gelungen, daß der geschlossene
Siedlungsraum und die kulturelle Eigenständigkeit
unseres Gebietes eigentlich über mehr als 2000 Jahre
hindurch gegeben sind, wenngleich teilweise über-
deckt durch Einwirkungen der Römer wie der bajuwarischen oder slawischen Besiedelung. Alle diese von
außen nach Österreich hereingetragenen Einflüsse
wurden hier aufgesogen, es wurde ihnen sozusagen
der österreichische Stempel aufgedrückt. Diese Ver-
österreicherung der Römer, Bajuwaren und Slawen wurde durch den in der Geschichte immer wieder
zu beobachtenden Prozeß zugedeckt, daß die Ge-
schichtsschreibung stets von der von außen über die
Bevölkerung gelegte Führungsschicht dominiert wird.
Hier ist noch vieles mühsam zu Tage zu fördern, ein
erster Versuch wurde in Klosterneuburg unternom-
men.

Ein weiterer Teil der Vorträge beschäftigte sich
mit der Darstellung der beiden Häuser Österreichs,

mit dem Haus der Babenberger und dem der Habsburger. Es war eine markante Eigenart ihrer Politik, die Interessen des österreichischen Raumes immer in den Vordergrund ihres Handelns zu stellen, woraus sich letztlich auch der Erfolg von Dynastien erklärt.

Einen wesentlichen Komplex der Akademie bildete die Auseinandersetzung mit der Kulturentwicklung im österreichischen Raum, im besonderen Maße der Musik, und der außergewöhnlichen Rolle, die hier das Haus Habsburg als Kulturträger gespielt hat. Sei es durch die Förderung der Musik als integrativen Bestandteil des Geschehens am Hof, aber auch durch den Umstand, daß viele Habsburger nicht nur selbst musiziert, sondern auch selbst komponiert haben. Erst seit Joseph II. wurde die Musik den Beamten überlassen, was ihrer Bedeutung im kulturellen Leben Österreichs nicht unmittelbar geschadet, aber schließlich doch dazu geführt hat, daß die späten Vertreter des Hauses Habsburg ein eher zwiespältiges Verhältnis zur Musik entwickelten.

Von besonderer Bedeutung für diese Akademie war der während der gesamten Veranstaltungen ständig spürbare genius loci des Augustiner Chorherren Stiftes Klosterneuburg. Vor allem war erkennbar, daß sich die Chorherren als Wahrer der jahrtausendealten Idee Österreichs sehen und hier auch heute noch eine ungebrochene Verbindung zu beiden Häusern Österreichs gepflegt wird. Man könnte die Herrn aus Klosterneuburg somit getrost als die Hüter des österreichischen Grals ansehen.

Diese Akademie war für alle, die dabei waren, eine beglückende Einheit von Ort, Zeit, Raum und Idee, wie man sie in dieser Vollkommenheit nur selten er-

lebt. Wenn etwas von diesem Gefühl auch beim Nach-
lesen der Vorträge spürbar wird, wird der Geist dieser
Akademie weiterleben.

Norbert Fürstenhofer
Bundessenior des Akademischen Bundes
katholisch-österreichischer Landsmannschaften

Otto von Habsburg

Ansprache
anläßlich des Festkommerses im Rahmen der VI. Österreichischen Akademie

Geehrte Festkorona,

wenn ich ganz besonders meine Abwesenheit am heutigen Tag bedaure, so darum, weil die Katholisch-Österreichischen Landsmannschaften tatsächlich ein integrierender Teil unseres Österreichs sind. Sie entstanden in dem Augenblick, als das alte Österreich infolge des Ersten Weltkrieges zerstört wurde. Sie wollten in der Jugend weiter die Ideale aufrechterhalten, die dieses große Österreich vertreten hatte. Österreich war bis 1918 kein Kleinstaat von Bregenz bis Hegyeshalom, sondern das Zentrum des Heiligen Römischen Reiches, und hat damit dem deutschen Volk eine Mission gegeben, die für ganz Europa segensreich war. Ihr Verlust hat uns in die Tragödien dieses Jahrhunderts geführt.

Österreich hat aber auch als Herzstück der Donaumonarchie mitgewirkt, wo viele Nationen und Sprachen friedlich geeint waren in einem Raum, der für Europa von entscheidender Bedeutung war. Klare Geister haben gleich nach dem Ende des alten Österreich erkannt, daß dies jener Punkt sein würde, an dem die größten Gefahren für unseren Erdteil heraufziehen würden. Es ist kein Zufall, daß die Paneuopa-Bewegung, deren Hauptziel es war, diesen Gefahren zu begegnen, im alten Österreich entstanden ist. Coudenhove-Kalergi stammte aus Deutsch-Böhmen und hat versucht, wie sein Buch PANEUROPA zeigt, die

Werte, die im alten Österreich gepflegt wurden, auf den Gesamtkontinent zu übertragen. Wäre ihm das gelungen, wäre unserem Erdteil und unserer Zivilisation viel erspart geblieben.

Die Landsmannschaften haben aber auch in den Zeiten der Ersten Republik weiter die Traditionen gepflegt und auf die junge Generation übertragen. Sie haben den Feuersturm des Nationalsozialismus überlebt und sich der Tyrannei nicht gebeugt. Beim Wiederaufbau Österreichs haben sie diese Rolle weiterhin gespielt.

Diese Aufgabe ist noch nicht beendet. Wir haben zwar durch den Beschluß Österreichs, der Europäischen Union beizutreten, einen ersten großen Erfolg im Geiste unserer Traditionen erreicht. Nun gilt es aber, für Österreich nicht zu vergessen, daß es im Donauraum Verantwortungen hat. Die Völker des Donauraumes, die mit uns durch Jahrhunderte die österreichische Geschichte geschrieben haben, besitzen ein Recht darauf, daß Österreich sich für ihre Belange einsetze, nachdem es ein Wort in der Europäischen Union sprechen kann. Das gilt nicht zuletzt für diejenigen, die am meisten gefährdet sind, wie die Kroaten oder auch die Ukrainer, von denen man nicht vergessen darf, daß sie beide sehr viel für Österreich geleistet haben. Die Kroaten waren oft in der österreichischen Geschichte entscheidend, nicht zuletzt in der späten Phase unseres Landes haben mächtige geistige Kräfte in Ostgalizien und in der Bukowina gewirkt. Gleiche Verpflichtungen bestehen aber auch gegenüber den Ungarn, den Slowaken, den Slowenen, den Tschechen, aber auch den Polen, wo noch heute Galizien und insbesondere eine Stadt wie Krakau ein herrlicher Ausdruck österreichischen Geistes ist.

Die Landsmannschaften, die der Tradition und deren christlichem Inhalt verbunden sind, haben hier noch ein weites Feld von Verpflichtungen. Sie sollen die Kontakte mit diesen Völkern weiter ausbauen, in Österreich das Verständnis für den größeren Begriff unserer Heimat pflegen und insbesondere alles tun, damit das heutige kleine Österreich, seiner Verpflichtung bewußt, für die Rechte dieser Völker eintrete.

In diesem Sinn wünsche ich den Landsmannschaften weiterhin eine lange Zeit erfolgreichen Wirkens auf der Grundlage, die diejenigen, die in den vergangenen Jahrzehnten den Geist aufrechterhalten haben, für uns alle geschaffen haben. Mögen Ihnen allen weiter viele schöne Erfolge und Gottes reichster Segen beschieden sein!

Programm
der VI. Österreichischen Akademie

Die Suche nach der Österreichischen Identität

Freitag, 25. Oktober 1996

18.00	Wortgottesdienst	Stiftskirche
19.00	Vortrag/Konzert	Augustinusssaal
	Theophil Antonicek:	Die Bedeutung der österreichischen Herrscher für die Musikgeschichte.
	CONCILIUM MUSICUM Wien:	Musik bei den Habsburgern:
	Leitung: Paul Angerer	Programm nebenstehend
21.00	Empfang des Bundesseniors	Binderstadl

Samstag, 26. Oktober 1996

Alle Vorträge des Tages im Augustinussaal
(alter Teil des Stiftes)

9.30	Ernst Florian Winter:	Die ersten 2200 Jahre: Vom Königreich Noricum bis zu den Babenbergern.
11.00	Floridus Röhrig:	Das Werden Österreichs: Die Babenber-

		ger, Przemysl Otto-kar II. und die frühen Habsburger. Einführung und Besuch der
	Ausstellung	»Die Krone des Landes«
13.00	Mittagessen	Stiftskeller
15.00	Georg Kugler:	Der Bedeutungswandel des Begriffes Österreich und das Entstehen unserer kulturellen Identität in der Hochzeit des Hauses Österreich.
17.30	Norbert Leser:	Österreich auf dem Weg zur Nation: 1922 bis heute.
19.00	Abendessen	Stiftskeller

(Dauer der Vorträge 45 Minuten)

Sonntag, 27. Oktober 1996

11.00	Feierliches Hochamt	Stiftskirche
13.00	Festlicher Kommers	Binderstadl
	Otto von Habsburg	Österreich, Haus
	(Festrede):	und Nation.

Die Akademie wird begleitet durch eine kleine
Ausstellung zum Thema Österreich
von Christoph Donin

Concilium musicum

Programm

Benedikt Anton Aufschnaiter 1665–1742	Serenada II aus CONCORDS DISCORDIA AMORI ET TIMORI AUGUSTI ET SERENISSIMI ROMANORUM REGIS JOSEPHI I. CONSEGRATA ANNO CHRISTI MDCXCV für 2 Violinen, Viola und Basso Ouverture – Air – Menuet – Bourée – Rondeau
Georg Christoph Wagenseil 1715–1777	Concerto C-dur für Orgel, 2 Violinen und Basso Allegro – Andantino – Allegro
Johann Georg Reutter 1708–1772	»Aria de Sanctissima Trinitate« für Sopran, 2 Violinen und Basso continuo

Pause

Leopold I. 1658–1705	Balletti für Violine und Basso continuo 2 Komodienlieder aus der

	»Hof Damen Comedi«:
	»Oben aus und nirgend
	an …«
	»Ist schöni gallanti ver-
	liebter zu sein …« für
	Sopran, 2 Violinen und
	Basso continuo
Johann Joseph Fux	Ouverture C-dur aus
1660–1741	»Concentus musico-
	instrumentalis«
	für 2 Violinen, Viola
	und Basso continuo
	Grave – Allegro – Grave
	Aire
	Menuet
	Arie de Volage
	Marche des Ecurieus
	L'inegalité
Joseph I.	»Regina coeli« für So-
1678–1711	pran, 2 Violinen, Viola
	und Basso continuo

CONCILIUM MUSICUM WIEN
auf Originalinstrumenten

Christoph Angerer: Violine und Violen,
Gerlinde Sonnleitner: Violine, Willi Klebel: Viola,
Günter Schagerl: Violoncello, Walter Bachkönig:
Kontrabaß
Amo Raunig: Sopran
Gesamtleitung, Violine und Orgel:
Paul Angerer
Stift Klosterneuburg – Augustinussaal
Freitag, 25. Oktober 1996, 19 Uhr 30

Das Concilium musicum Wien wurde 1982 von Paul Angerer und seinem Sohn Christoph gegründet, um zu Unrecht vergessene Musik des 18. Jahrhunderts mit den stilistischen Erkenntnissen der Aufführungspraxis unserer Zeit zur Aufführung zu bringen. Das Ensemble spielt auf wertvollen historisch-originalen und authentischen Instrumenten aus der Zeit vor und um 1800. »Vom Duo zur Oper« gilt als Schlagwort für die reichhaltige musikalische Palette des Concilium musicum Wien. Wertvolle Musik aus den Archiven wird zum Klingen gebracht, heute zum Teil vergessene Komponisten werden wieder aufgeführt und selten gespielte Werke der großen Klassiker ins rechte Licht gerückt. Dies ermöglicht die Zusammenstellung von vielfältigen Programmen, die in sich immer einen Zusammenhang haben. Ein »Musikalischer Lebensbaum« symbolisiert den Grundgedanken des Ensembles: Haydn und Mozart als fester Stamm, der aber ohne Wurzeln (Fux, Gluck, Gußmann, Wemer, Wagenseil, ...) und Äste (Albrechtsberger, Hoffmeister, Pleyel, Stamitz, Süßmayr, Wranitzky, Hummel, ...) nicht denkbar wäre. Das Concilium musicum Wien konzertiert mit Erfolg in großen und kleinen Städten, auf Burgen und Schlössern, in Klöstern und Kirchen – und bei internationalen Festivals. Besondere Konzertereignisse waren die Welturaufführung der Oper »La Corona« von Christoph W. Gluck anläßlich des »internationalen Gluck-Kongresses« 1987 im Schloß Schönbrunn in Wien, 1991 die Aufführung von J. Haydns Oratorium »Die sieben letzten Worte des Erlösers am Kreuze« in der Chor/Orchester-Fassung am Ort der Uraufführung in Cadiz/Spanien, 1992 die Wiederaufführung und Produktion der Festkantate »Applausus« von J. Haydn, 1993 anläßlich des 300.

Geburtstags von Gregor J. Werner die Aufführung seines Oratoriums »Der verlorene Sohn« bei den Wiener Festwochen und in seiner Geburtsstadt Ybbs/Donau sowie eine Konzertreise in die USA und nach Kanada mit Konzerten u.a. in der Carnegie-Hall in New York und beim »Scotia Festival of Music/Halifax«, 1994 eine Konzertreise nach China und Südostasien, 1995 CD- und TV-Produktion eines Weihnachtskonzerts mit dem Tenor Ramón Vargas. Das Concilium musicum Wien musizierte in Deutschland, Italien, der Schweiz, Frankreich, den Niederlanden, Luxemburg, Ungarn, Tschechien, der Slowakei, Kroatien, Polen, Slowenien, den GUS, Spanien, Portugal, der Türkei, Ägypten, Mexiko, Kuba, USA und Kanada, Tunesien, Marokko, Nigeria, Kuwait, China und Südostasien, Syrien und im Libanon. Rundfunk- und Fernsehaufnahmen sowie Tonträgerproduktionen dokumentieren das vielfältige Repertoire des Concilium musicum Wien. Für die Gesamtaufnahme der »Kirchensonaten« von Wolfgang Amadeus Mozart wurde dem Ensemble von der Mozartgemeinde Wien und der Stadt Wien im Jahr 1990 der Mozartpreis »Flötenuhr« verliehen.

Paul Angerer wurde am 16. Mai 1927 in Wien geboren. Studium an der Wiener Musikhochschule und am Konservatorium (Violine, Klavier und Komposition). Geiger und Bratschist. 1953–1957 Solobratscher der Wiener Symphoniker. Als Dirigent war er 1956–1963 Chefdirigent des Kammerorchesters der Wiener Konzerthausgesellschaft, 1964–1966 1. Kapellmeister in Bonn, 1966–1972 Opernchef in Ulm und Salzburg, 1971–1982 Leiter des Südwestdeutschen Kammerorchesters und von 1960–1990 Gast beim »Orchestra sinfonica di Bolzano e Trento«. Als

Lehrer war er von 1982–1992 an der Hochschule für Musik und darstellende Kunst in Wien tätig. Als Komponist schrieb Angerer seit 1947 Bühnen- und Orchesterwerke, Oratorien, ein Musical, eine TV-Oper, Kammermusik für verschiedene Besetzungen, Theatermusik für die Salzburger und Bregenzer Festspiele, für das Wiener Burgtheater und zahlreiche österreichische und deutsche Bühnen und für das Fernsehen. Er erhielt Preise in Genéve, Haarlem und Salzburg, den Österreichischen Staatspreis, den Theodor Körner-Preis und die Kulturpreise der Stadt Wien und des Landes Niederösterreich sowie den Preis des Landes Niederösterreich für Mozartforschung 1994.

Arno Raunig, geboren in Klagenfurt, 1966–1972 Mitglied der Wiener Sängerknaben. Ausbildung zum »Kontratenor« am Brucknerkonservatorium in Linz und Wien bei KS Ruthilde Boesch und KS Kurt Equiluz. Weitere Ausbildung bei Erika Mechera und KS Elisabeth Schwarzkopf. Von 1986–1990 Mitglied mehrerer Ensembles für Alte Musik. Gleichzeitig Beginn einer Solokarriere in den Sopran- und Altpartien aus Händels »Messias« und Bachs »Johannespassion«, als Idamante, Sextus und Ascanio (Mozart), als Xerxes, Cyrus und Radamisto (Händel), in »Il pomo d'oro« und in Orffs »Carmina Burana«. Auftritte in zahlreichen europäischen Konzertsälen. Weitgefächertes Repertoire von den Anfängen der Oper bis zu Uraufführungen der Gegenwart. Gastspiele in Wien, Wiesbaden, Prag, Amsterdam, Dresden, Klagenfurt und Zürich.

Brigitte Borchhardt-Birbaumer

Wasserland und Winterorchidee – zur Ausstellung von Christoph Donin

Überblickt man das Schaffen der letzten Jahre von Christoph Donin, ist man mit Titeln wie »Aulandschaft mit spielenden Kindern«, »Weg im Winter«, »Zur Ehre der schaumgeborenen Aphrodite«, »Kleine Tatzelwürmer«, »Flora« oder »Kleine Orchidee« konfrontiert: Einer seltsam stillen Welt der Märchen und Mythen, verbunden mit dem Blick auf die Natur aus nachavantgardistischer, nachindustrieller, auch nicht mit der Postmoderne konformer Sicht. »Was ich tue, war eigentlich schon 1950 verboten« sagt der Künstler – Jahrgang 1930 – aus Vorarlberg kommend und längst der Wiener literarischen Skurrilität Verfallener – seit seinem Studium an der Angewandten bei Kosak und Herberth. Durch seine druckgrafische Ausbildung konnte er als technischer Leiter der Werkstätten der Schroll-Presse und der Edition Tusch stets Brotberuf und Passion verbinden.

Seine so unabhängig vom Markt entstandene »verbotene« Welt ist eine utopische, durch die die Wasser des Eros rauschen und in der sich der Schaum der Geburt der Aphrodite in duftige Schäfchenwolken am Himmel verzogen hat. Der Winter friert die Wasser zu, heftet sie an die dürren Äste und läßt sie als blaue Eiswelten wiedererstehen, auf deren Seen die Nymphen und Faune nun mit Schlittschuhen unterwegs sind. In die Leere mancher Baumgruppen zieht der ostasiatische Nebel, nur selten tummeln sich Masken und Tatzelwürmer im Schnee. Das märchenhafte Urtier mit roten und grünen Schuppen ist das heraldische Maskottchen Donins, dessen Erscheinen auf den Bildern er sich erst seit der Lektüre von C.G. Jung erlaubt, die ihm die Notwendigkeit der Mythen vermittelte.

Bis heute gestattet er sich aber nicht die allzu glatte Oberfläche der Ölmalerei der Phantastischen Realisten, mit denen man ihn inhaltlich in Zusammenhang bringen könnte: das Ölschleifpapier nimmt immer partiell so viel von den Lasuren weg, daß der Grund wieder durchschimmert – Munchs »Roßkur« im Umgang mit den Bildern ist im Bewußtsein: oft verwendet der Maler seine Werke als Unterlage, bevor sie sehr langsam und mit viel Vordenken doch ziemlich spontan übermalt werden – so ein Prozeß dauert dann mindestens drei Monate.

Doch Donin hat keine Eile – bevor er die Gegenstände bannt, ist es oft nur ihr Abstraktum wie der »Hyazinthengeruch«, der ihn beschäftigt, daher gibt es auch eine Reihe von gegenstandslosen Bildern, die auf seine Frühzeit zurückweisen, als er sich zeitgemäß für Pollock und den Dadaismus begeisterte.

Als Mitglied des Neuen Hagenbundes, neben Escher, Luby u. a., ist ihm bei Ausstellungen schon 1954 nachgesagt worden, seine Märchenwelt sei durch Chagall angeregt, doch sind seine barocken Fantasmen eher mit den bizarren Gestalten eines Herzmanovsky-Orlando verwandt, und die Mythen stammen aus seiner Kindheit, in der beide Eltern als Geschichtenerzähler auftraten – diese vergangene Welt läßt der Maler nun in seinen Bildern wiederauferstehen.

III. Anhang

Curricula

DASSANOWSKY, ROBERT VON, Dr. phil., Univ.Prof. (Universität Colorado, Colorado Springs)
1992 Promotion zum Dr. phil. an der Universität von Kalifornien/Los Angeles. Verfaßt Artikel im Sachbereich der Literatur- und Filmkritik, darunter Essays über Ingeborg Bachmann, Leni Riefenstahl, Christine Brückner, Thomas Mann, Robert Musil und Johann Wolfgang Goethe, sowie Aufsätze, die sich mit Themen der internationalen Filmkunst befassen. Spezialisierung auf dem Gebiet österreichischer Literatur- und Kulturstudien.
Mit seinem Buch »Phantom Empires« (Ariadne, 1966) schrieb er die erste Abhandlung in Buchform über Alexander Lernet-Holenia, welches die Probleme der österreichischen Identitätskrise in der Zeit nach dem Verlust der k. u. k. Donaumonarchie untersuchte. Übertragung von Hans Raimunds »Strophen einer Ehe« ins Englische (Event Horizon, 1996); in Arbeit: Übersetzung Alexander Lernet-Holenia »Mars im Widder«.
Dassanowsky ist ein international publizierter Dichter und Gründer und Präsident des Colorado PEN. Verfaßte Drehbücher für Film und Fernsehen; Mitherausgeber der zweiten Edition einer Studie über Frauen in leitenden Positionen der Filmindustrie »Reel Woman, Pioneers of the Cinema 1896 to the present«.

FORTUNAT, VIKTOR, General i. R.
Geboren am 27. Jänner 1930 in Wien. HAK in Wien, BP Dion Wien, Theresianische Militärakademie, vierter Generalstabskurs. Adjutant, Lehroffizier und Kompaniekommandant im Arbeitsstab Infanterie und an der Infanterieschule. Generalstabsoffizier im Gruppenkommando I und im Armeekommando, zuletzt Chef des Stabes und stellvertretender Armeekommandant. Vorsitzender der ARGE JUWaSch

HABSBURG, FRANZ JOSEPH OTTO (VON), Kronprinz von Österreich und Ungarn etc. Chef und Souverain des Ordens vom Goldenen Vlies etc.

Dr. sc. pol. et soc., Univ.-Prof. h.c. (Universität Bogotá, Kolumbien). Mitglied der Académie des Sciences Morales et Politiques, Institut de France, Paris; Real Academia de Ciencias Morales y Politicas, Madrid; Academia da Cultura Portuguesa, Lissabon; Academia Mejicana de Derecho Internacional, Mexico; Académie du Royaume du Maroc.

Geboren am 20. November 1912, Reichenau/Niederösterreich; 1935 Promotion zum Dr. der politischen und sozialen Wissenschaften (Universität Louvain, Belgien).

Seit 13. Mai 1931 Mitglied der K.Ö.L. Maximiliana, 1973 Präsident der Internationalen Paneuropa-Union, seit 1979 Mitglied des Europäischen Parlaments.

Zahlreiche Bücher, u.a.: Coutumes et droits successoraux en Autriche. Löwen, 1935; Entscheidung für Österreich, Innsbruck, 1953, 1958², Madrid, 1954, Utrecht, 1954, Lisboa, 1955, (ungarisch) Köln, 1955; Probleme des Atomzeitalters. Innsbruck 1955, Madrid, 1956; Soziale Ordnung von Morgen. Wien, 1957; Bernhard von Baden. Stuttgart, 1958; Im Frühling der Geschichte. Wien, 1961; L'Extrême Orient n'est pas perdu. Paris, 1962; Européens et Africains – l'entente nécessaire. Paris, 1963; Europa – Großmacht oder Schlachtfeld. Wien, 1963; Gottes Hand in der Geschichte. Wien, 1966; Charles Quint. Paris, 1967; Politik für das Jahr 2000. Wien, 1968; Les Transportes et l'Europe. Lausanne, 1969; Damals begann unsere Zukunft. Wien, 1971; Rudolf von Habsburg. Wien, 1973; Bis hierher und nicht weiter. Wien, 1974; Die Heilige Hedwig von Schlesien und unsere Zeit. Wien, 1974; La Naissance d'un Continent. Mit Guy de Chambure, Paris, 1975; Karl IV. Ein europäischer Friedensfürst. München, 1978; Jalta és ami utàna következett. München, 1979; Europa – Garant der Freiheit. München, 1980; Die Reichsidee. Geschichte und Zukunft einer übernationalen Ordnung. Wien-München, 1986; Macht jenseits des Marktes. Wien-München, 1988; Zurück zur Mitte. Wien-München, 1990; Friedensmacht Europa: Sternstunden und Finsternis. Wien-München, 1995.

Zahlreiche Artikel und Vorträge.

141

KUGLER, GEORG, Dr. phil., HR

Geboren 1935 in Wien. Jugend und Gymnasium in Gmunden. Studium Jus, Geschichte und Kunstgeschiche an der Universität Wien. 1959 Mitglied des Instituts für österreichische Geschichtsforschung, 1960 Promotion zum Dr. phil. Seit 1959 am Kunsthistorischen Museum tätig. 1973 Direktor der Wagenburg und des Monturdepots, bis 1995 auch Leiter der Bibliothek und der Reproduktionsabteilung, seit 1990 stellvertretender Generaldirektor. Präsident des österreichischen Nationalkomitees des internationalen Museumsrates (ICOM), Vizepräsident des österreichischen Museumsbundes. Präsident der heraldisch-geneologischen Gesellschaft »Adler«. 1983 und 1989 wissenschaftlicher Leiter der Burgenländischen Landesausstellung in Halbturn.

Veröffentlichungen in Buchform (u. a.): Die Reichskrone. Wien, 1968, 19862; Die Wagenburg in Schönbrunn. Graz, 1977; Schloß Schönbrunn. Wien, 1980; Die Niederlande. München, 1985 (gemeinsam mit Erich Lessing und Karl Schütz); Achse Rad und Wagen. Göttingen, 1986 (Mitarbeit); Lexikon der Wiener Kunst und Kultur. Wien, 1990 (gemeinsam mit Nina Nemetschke); Staatskanzler Metternich und seine Gäste. Graz, 1991; Das Kunsthistorische Museum. Architektur und Ausstattung. Wien, 1991 (gemeinsam mit Beatrix Kriller); Franz Joseph und Elisabeth. Graz-Florenz, 1994; Schloß Schönbrunn – Die Prunkräume. Wien, 1995; Wiener Hofburg – Die Kaiserappartements. Wien, 1996.

Mitautor zahlreicher Kataloge und Führer von Sammlungen und Ausstellungen (u.a.): Führer durch die Wagenburg. (seit 1974 in vier Sprachen); Portraitgalerie zur Geschichte Österreichs. Wien, 1976, 19822; Der Goldene Wagen des Fürsten Joseph Wenzel von Liechtenstein. Wien, 1977; Das Kunsthistorische Museum in Wien. Wien-Salzburg, 1978; Fashions of the Habsburg Era. Metropolitan Museum New York, 1978-1980; Uniform und Mode am Kaiserhof. Halbturn, 1983; Liechtenstein, the princely collection. Metropolitan Museum New York, 1985, 1986; Des Kaisers Rock. Halbturn, 1989; Costumes à la cour de Vienne. Paris, 1995/96; Kaisertum Österreich 1804–1848. Schallaburg, 1996; Karl Rössing. Wien, 1997.

LESER, NORBERT, Dr. iur., o. Univ.-Prof. (Universität Wien). Geboren am 31. Mai 1933 in Oberwart/Burgenland. 1958 Promotion zum Dr. iur. (Universität Wien). 1969 Habilitation für Rechts- und Staatsphilosophie an der Universität Graz. Ab Feber 1971 Ordinarius für Politikwissenschaft an der Rechts- und Staatswissenschaftlichen Fakultät der Universität Salzburg. Seit 1977 Honorarprofessor für Politikwissenschaft an der Sozial- und Wirtschaftswissenschaftlichen Fakultät der Universität Wien. Seit März 1980 Ordinarius für Gesellschaftsphilosophie an der Grund- und Integrativwissenschaftlichen Fakultät der Universität Wien. Vizepräsident des Internationalen Hans-Kelsen-Instituts. Zahlreiche Veröffentlichungen. For-schungsschwerpunkte: Geschichte der politischen Ideen, besonders Marxismus- und Sozialismusforschung, österreichische Zeitgeschichte, Gesellschaftsphilosophie. 1961, 1963 und 1968 Auszeichnung mit dem Theodor-Körner-Förderungspreis, 1962 mit dem Förderungspreis für Wissenschaften der Stadt Wien, 1967 großes Ehrenzeichen für Verdienste um das Land Burgenland, 1978 Österreichisches Ehrenkreuz für Wissenschaft und Kunst 1. Klasse, 1984 Komturkreuz des St. Sylvesterordens, 1984 Preis der Dr. Karl-Renner-Stiftung der Gemeinde Wien für Verdienste um die Republik Österreich, im besonderen wegen des Ausgleichs der Gegensätze im öffentlichen Leben, 1987 Ehrenmitglied der K.Ö.L. Maximiliana, 1991 Kardinal-Innitzer-Würdigungs-Preis, 1992 Anton-Wildgans-Preis, 1993 Leopold-Kunschak-Preis, 1993 großes goldenes Ehrenzeichen des Landes Steiermark, korrespondierendes Mitglied der Österreichischen Akademie der Wissenschaften, Wien, Pen-Club-Mitglied. Veröffentlichungen (u. a.): Begegnung und Auftrag. Beiträge zur Orientierung im zeitgenössischen Sozialismus. Wien (u. a.), 1963; Zwischen Reformismus und Bolschewismus. Der Austromarxismus als Theorie und Praxis. Wien-Frankfurt-Zürich, 1968, 1985²; Die Odyssee des Marxismus. Auf dem Weg zum Sozialismus. Wien-München-Zürich, 1971; Sozialismus zwischen Relativismus und Dogmatismus. Aufsätze im Spannungsfeld von Marx und Kelsen. Freiburg i.Br., 1974; ... mit Österreich verbunden. Burgenlandschicksal 1918–1945. Wien, 1975 (mit Richard Berczeller); Als Zaungäste der Politik. Öster-

reichische Zeitgeschichte in Konfrontationen. Wien, 1977
(mit Richard Berczeller); Gottes Spuren in Österreich.
Mein Verhältnis zum (politischen) Katholizismus. Wien,
1978; Marx und Freud als Sozialphilosophen. Studien zur
philosophischen Anthropologie. Wien, 1980; Grenzgänger. Österreichische Geistesgeschichte in Totenbe-
schwörungen. Band I Wien, 1981, Band II Wien, 1982;
(Hrsg) Das geistige Leben Wiens in der Zwischenkriegszeit. Protokoll eines während der Wiener Festwochen
1980 veranstalteten Symposiums. Wien, 1981; (Mithrsg)
Max Adler. Ausgewählte Schriften. Wien, 1981; Genius
Austriacus. Beiträge zur politischen Geschichte und Geistesgeschichte Österreichs. Wien-Köln-Graz, 1985; (Hrsg)
Macht und Gewalt in der Politik und Literatur des 20.
Jahrhunderts. Beiträge vom gleichnamigen Symposion
1984. Wien-Köln, 1985; (Hrsg) Heer-Schau. Briefe an und
über Friedrich Heer. 20 Beiträge von Freunden von Friedrich Heer. Wien-Köln, 1985; Die Wiener Schule der Na-
tionalökonomie. Wien-Köln, 1986; Grenzgänger, in:
Fritz/Arnegger/Fürstenhofer (Hrsg), MAXIMILIANA –
Zeichen des Widerstandes 1922–1987. Wien-München
1987, 24; Salz der Gesellschaft. Wesen und Wandel des
österreichischen Sozialismus. Wien, 1988; Die Französische Revolution und die Russische Revolution im Ver-
gleich, in: Schuschnigg/Gutsmann (Hrsg), Von der Humanität ... zur Bestialität, Eine Bilanz der Französischen
Revolution. Wien-München, 1989; Von Leser zu Leser.
Glossen, Kommentare, Analysen eines engagierten Zeitgenossen. Wien, 1992; (Hrsg) Österreichs politische Symbole: historisch, ästhetisch und ideologiekritisch beleuchtet. Wien (u. a.), 1994 (mit Manfred Wagner).

RÖHRIG, FLORIDUS HELMUT, Can. reg., Dr. theol. et phil., Ao.
Univ.-Prof. (Universität Wien)
Geboren am 27. August 1927 in Wien, 1949 Eintritt in das
Stift Klosterneuburg, 1951 Promotion zum Dr. phil., 1954
Priesterweihe, 1959 Staatsprüfung am Institut für Österreichische Geschichtsforschung, 1960 Promotion zum Dr.
theol. Kustos, Bibliothekar und Archivar des Stiftes Klosterneuburg, Professor für Kirchengeschichte und Kirchliche Kunstgeschichte an den theologischen Hochschulen
der Stifte Klosterneuburg und Heiligenkreuz. 1986 Habilitation für Kirchengeschichte an der Theologischen Fa-

kultät der Universität Wien, 1992 tit. Ao Professor ebenda. Kulturpreis der Stadt Klosterneuburg 1972, Goldenes Ehrenzeichen für Verdienste um das Land Niederösterreich 1978, Ehrenring der Stadt Klosterneuburg 1983, Ehrenmedaille der Bundeshauptstadt Wien in Gold 1988. Ehrenmitglied der KÖL Leopoldina 1991, Erzbischöflicher Konsistorialrat, Kirchenrektor im Pflegeheim der Stadt Wien in Klosterneuburg, Landeskurat der NÖ Pfadfinder.

Veröffentlichungen (u. a.): Der Verduner Altar. Wien, 1995[7]; Miniaturen zum Evangelium von Heinrich Aurhaym. Wien, 1961. Alte Stifte in Österreich. I. Band: Wien, Nieder- und Oberösterreich. Wien, 1966. II. Band: Steiermark, Kärnten, Salzburg, Tirol und Vorarlberg. Wien, 1967; Klosterneuburg. Wiener Geschichtsbücher Bd. 11, Wien, 1972; Klosterneuburg in alten Ansichten. Klosterneuburg, 1974; Der Babenberger-Stammbaum im Stift Klosterneuburg. Wien, 1977[2]; (Hrsg) Der Albrechtsaltar und sein Meister. Wien, 1981; Stift Klosterneuburg und seine Kunstschätze. Wien, 1994[2]; Leopold III. der Heilige. Wien, 1985.

Wissenschaftlicher Leiter der N.Ö. Landesausstellungen »Die Zeit der frühen Habsburger«. Wiener Neustadt, 1979; »Der heilige Leopold – Landesfürst und Staatssymbol«. Klosterneuburg, 1985.

WINTER, ERNST FLORIAN, Dr. phil.

Geboren am 16. Dezember 1923 in Wien /Gesthof, 1938 Emigration nach den USA, Studium an der Columbia University. Dr. phil. in Geschichte und Politikwissenschaften. Univ.-Prof. der Columbia University. 1960 Rückkehr nach Österreich. Direktor der Ostabteilung des Internationalen Forschungszentrums, Salzburg. Erster Nachkriegsdirektor der Diplomatischen Akademie. Professor und Direktor des Instituts für Höhere Studien, Wien. Seit 1968 Karriere im UN-System

(Direktor in UNESCO, UNEP und UNIDO). Von 1964 bis 1978 Leiter der Freien Akademie »Schloß Eichbüchl«. 1984-89 Konsulent in China (Xiamen und Beijing). Herausgeber der Österreichischen Nation.

Danksagung des Herausgebers

Das Zustandekommen einer Österreichischen Akademie und die Herausgabe des entsprechenden Berichtsbandes bedarf des Zusammenwirkens vieler gleichgesinnter Freunde.

An die Spitze der Danksagung möchte ich alle Referenten stellen, die zudem ihre Beiträge zum Teil zusätzlich für die Veröffentlichung ergänzt und überarbeitet haben. Zu danken ist insbesondere auch den Organisatoren dieser Akademie, HR Dr. Georg Kugler sowie Dipl. Ing. Heinrich Schuschnigg, und allen, die am guten Gelingen der Tagung durch ihre Mithilfe beigetragen haben. Hervorzuheben ist dabei das Chorherrenstift Klosterneuburg, das den örtlichen Rahmen für diese Veranstaltung zur Verfügung stellte.

Am Berichtsband haben zudem noch außer den bereits genannten Personen folgende Damen und Herren mitgewirkt: GR Bernhard Knipel, Univ.Ass. Mag. Arno Weigand, Gerald Grünberger, Gottfried Arnegger, Gernot von Przestrzelski, Dominik von Habsburg-Lothringen, Dr. Dieter Gutsmann und Elisabeth von Schuschnigg.

Allen Mitwirkenden sei mein Dank ausgesprochen.

A. S.

Katholisch-Österreichische Landsmannschaft
MAXIMILIANA WIEN

SCHRIFTENREIHE

Fritz / Arnegger / Fürstenhofer (Hg.)

MAXIMILIANA – Zeichen des Widerstandes
1922–1987

Festschrift 130 Semester Mx mit Beiträgen von Otto
von Habsburg, Gerhard Bacovsky, Julius Brachetka,
Thomas Chaimowicz, Heinrich Drimmel, Helga Er-
hart, Viktor Frankl, Hermann M. Görgen, Robert von
Habsburg, Erik von Kuehnelt-Leddihn, Norbert Le-
ser, August Lovrek, Horst Friedrich Mayer, Alfred
Missong, Alexander Ostheim-Dzerowycz, Bernhard
Peithner-Lichtenfels, Alexander Sixtus Reden, Georg
Reichlin-Meldegg, Otto Scholik, Heinrich Schusch-
nigg und Erich Thanner.
Amalthea, Wien – München 1987. 157 Seiten, zahl-
reiche Illustrationen, Format 23x23 cm, Leinen,
öS 298,–
(Mx I) ISBN 3-85002-260-9

Schuschnigg / Gutsmann (Hg.)

VON DER HUMANITÄT ... ZUR BESTIALITÄT
Eine Bilanz der Französischen Revolution

Revolutionsopfer-Gedächtnisschrift mit einem Vor-
wort von Otto von Habsburg, Beiträgen von Thomas
Chaimowicz, Hermann M. Görgen, Ludwig Igálffy-

Igály, Erik von Kuehnelt-Leddihn, Mario Laserna-Pinzon, Clemens Anton Lashofer OSB, Mario Graf von Ledebur-Wicheln, Norbert Leser, Günther Nenning, Werner Pelinka und Zeichnungen von Hans Crepaz (= Berichtsband zur IV. Österreichischen Akademie des Akademischen Bundes K.Ö.L. 1989 im Stift Göttweig).
Amalthea, Wien-München 1989. 272 Seiten, 6 Illustrationen, Format 13,8x22 cm, gebunden, öS 248,–
(Mx II) ISBN 3-85002-285-4

Schuschnigg / Gutsmann / Starhemberg (Hg.)

KÖNIG UND VOLK – DIE DEMOKRATIE
IM WANDEL DER ZEIT

Festschrift 140 Semester Maximiliana mit Beiträgen von Wladyslaw Bartoszewski, Hans Crepaz, Dieter Gutsmann, Otto von Habsburg, Erik von Kuehnelt-Leddihn, Norbert Leser, Peter Cornelius Mayer-Tasch, János Perényi, Heinrich von Schuschnigg, Josef Seifert, Juan Antonio Widow (= Berichtsband zur V. Österreichischen Akademie des Akademischen Bundes K.Ö.L. 1991 in Schloß Eferding).
Amalthea, Wien – München 1992. 192 Seiten, zahlreiche Illustrationen, Format 13,8 x 22 cm, gebunden, öS 248,–
(Mx VI) ISBN 3-85002-334-6

Die Bände sind im führenden Buchhandel erhältlich.

Ein Wirt

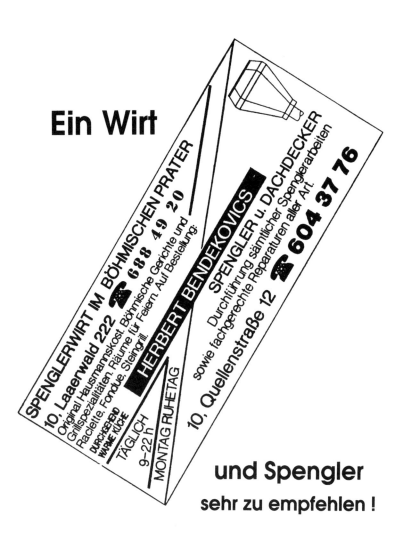

SPENGLERWIRT IM BÖHMISCHEN PRATER
10. Laaerwald 222 ☎ 688 49 20
Original Hausmannskost. Böhmische Gerichte und
Grillspezialitäten. Räume für Feiern. Auf Bestellung:
Raclette, Fondue, Steingrill.
DURCHGEHEND
WARME KÜCHE
TÄGLICH
9-22 h
MONTAG RUHETAG

HERBERT BENDEKOVICS

SPENGLER u. DACHDECKER
Durchführung sämtlicher Spenglerarbeiten
sowie fachgerechte Reparaturen aller Art.
10. Quellenstraße 12 ☎ 604 37 76

und Spengler

sehr zu empfehlen !

**KUNSTTISCHLEREI
FRANZ JOHANN LUTZ**

2463 GALLBRUNN 0663-895 928

PLANUNG UND AUSFÜHRUNG VON
WOHNUNGSEINRICHTUNGEN

RESTAURIERUNG VON
ANTIQUITÄTEN

ANFERTIGUNG UND RESTAURIERUNG VON
PARKETTBÖDEN

BAUTISCHLEREI, SOWIE ANFERTIGUNG VON FENSTERN, TOREN UND TÜREN

**ELEKTRO
GmbH
Lenk**

**Installationen von Stark- und Schwachstromanlagen
Beleuchtungsanlagen & Störungsdienst**

**1020 Wien, Obere Augartenstraße 70
Telefon 214 37 97 - 0   —   Fax 214 37 97 - 19**

**1160 Wien, Neulerchenfelderstraße 20
Telefon 406 41 02**

EINE NEUE QUALITÄT IN DER BANKENWELT

Willkommen
in der Welt der Ersten.

http://www.erstebank.at

Heute steht die Erste Bank am Start, entstanden aus der Fusion von Erste österreichische Spar-Casse und GiroCredit. Darüber wurde in den Medien bereits viel berichtet. Aber wir wollen hier eine andere Frage beantworten. Die Frage, wie Österreich von der Erste Bank profitiert. Was **Sie** davon haben.

Erstens einmal: Zukunft. Denn wir sind eine Bank, die an die Familie und an die Zukunft unserer Kinder glaubt. Zweitens: Sicherheit. Denn wir sind eine Bank, die an Werte wie Eigentum und Wachstum glaubt. Drittens: Qualität. Denn wir sind eine Bank, die an die menschliche Leistung und an Ideen glaubt.

Heute sind wir am Start. Und wir sagen allen, die morgen mit uns Erste sein wollen: Willkommen in der Welt der Ersten! **Nehmen Sie uns beim Namen.**

ERSTE BANK
DER OESTERREICHISCHEN SPARKASSEN AG

BAUMEISTER   INNENAUSBAU

BURIAN

STUKKATEUR   BRANDSCHUTZ

BURIAN GESELLSCHAFT M.B.H
1210 WIEN, JULIUS-FICKER-STRASSE 89
TEL: 259 09 90 FAX: 259 09 90 12
HG WIEN, FN 99.093a.   UID-Nr: ATU 14550706

SINTELIT GIPSPLATTENERZEUGUNG
GESELLSCHAFT M.B.H.
1210 WIEN, JULIUS-FICKER-STRASSE 89
TEL: 259 85 66,   FAX: 259 85 66 17
HG WIEN, FN 127.759g. UID-Nr: ATU 14589809

Grötzer & Büttner
AUFZUGSBAU

PERSONENAUFZÜGE
LASTENAUFZÜGE
HYDRAULIKAUFZÜGE
SERVICE UND REPARATUR

SONDERANFERTIGUNGEN FÜR ALTHÄUSER
REVITALISIERUNG UND STILGERECHTE
ERNEUERUNG ALTER AUFZÜGE

1220 WIEN, HOSNEDLGASSE 17
TEL: 259 75 28-0 FAX DW 22

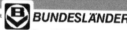

ROZET & FISCHMEISTER

KAMMERJUWELIERE SR. MAJESTÄT DES KAISERS UND KÖNIGS

Reiche Auswahl an Schmuck und Silber
Übernahme von Reparaturen
Restaurierungen
Anfertigung auf Bestellung
Wien I. Kohlmarkt 11
Tel: 43-1-533 80 61
Fax: 43-1-533 80 62

— ES GIBT NUR EINEN SCHÖNBICHLER —

gegründet 1870
1010 Wien, Wollzeile 4
Tel: 43-1-512 18 16, Fax: 43-1-512 18 16 20

DACHDECKEREI • BAUSPENGLEREI

FLACHDACH • STEILDACH • FASSADEN • ISOLIERUNGEN

HARTMUT KÖCK
Ges.m.b.H.

1232 WIEN, TRIESTER STRASSE 190

Telefon: (01) 667 32 13
Telefax: (01) 667 32 88

BLSG

- Business and Logistic Systems -

Gesellschaft für Unternehmensberatung und Systementwicklung m.b.H. Systempartner für integrierte Logistiklösungen

D-85774 Unterföhring
Münchner Straße 113
Tel: 49-89-995 909-0
Fax: 49-89-995 909- 90

A - 1 2 1 0   W i e n
Brünnerstraße 14

KAIS. u. KÖN.
HOFLIEFERANT.

Heinrich Enders

BAUUNTERNEHMUNG FÜR GAS, WASSER u. SANITÄTS-ANLAGEN,

TELEFON 7877

Wien, am 29. August 1911

IV. MARGARETHENSTRASSE N° 29

Rechnung

ebaren Herrn Johann Klauser Hausbesitzer

in Stollhof N° 15

Installation der Wasserleitung

			K.	h.	K.	h.
15.	90	m Druckbleirohr 12/5 mm lw	3	—	47	70
4.	—	m Druckbleirohr 19 "	4.	40	17	60
—	—	m Druckblei				
17.	90	m Zi				
				30	5.	37
2.	—	m Fi		0	1.	60
0.	30	m Ble			1.	29
0.	60	m Guss			2.	04
	1	Stk. Roh		—	—	10
	—	Stk. Rohr	" Stk.			
	—	Stk. Messi	mit			
		Handrad	" Stk.			
	—	Stk. wie vor, ..oh 20 mm P. 42 und 46.	" Stk.			

GALERIE PEITHNER LICHTENFELS
WIEN
PRAG

1040 WIEN, Preßgasse 30, Tel./Fax: 0043 1/ 587 37 29, Mobiltel.: 0664/357 37 30
110 00 Prag 1, Michalska 12, Tel./Fax: 0042 02/ 24 22 76 80, Mobiltel.: 0602/32 70 22

Depotbestände:

WIEN:

Angeli	Gepp	Rotterdam
Barabbas	Hammerstiel	Rusche
Bayer H.	Helnwein	Schiele
Beck G.K.	Hessing	Sengl
Brauer	Heuer	Stangl
Decleva	Holzer	Stöbe
Dobrowsky	Kabas	Skricka
Donin	Kaiser	Wanke
Fetz	Klinkan	Zens
Fink Tone	Lindner	Zeppel- Sperl
Fischlhammer	Martinz	Zoubek
Fleck	Plutzar	u.a.

PRAG:

Anderle	Hoffmeister	Sima
Bauch	Hudecek F.	Smetana
Bretislav	Isteler	Spala
Benda	Kolar J.	Storek
Benes Vincenc	Kotik	Styrsky
Benes Vlastimil	Kral	Tichy F.
Capek J.	Kupka	Toyen
Chlupac	Kubista	Zidlicky
Coubine	Lada	Zoubek
Filla	Lhotak	Zrzavy
Foltin	Mucha	u.a.
Gross F.	Pesicova	
Gutfreund	Prochazka A.	